통일과 인간중심의 정치학

통일과 인간중심의 정치학

이 도서의 국립중앙도서관 출판예정도서목록(CIP)은 서지정보유통지원시스템 홈페이지(http://seoji.nl.go.kr)와 국가자료종합목록 구축시스템(http://kolis-net.nl.go.kr)에서 이용하실 수 있습니다.
(CIP제어번호 : CIP2020005070)

통일과 인간중심의 정치학

-개인 민주주의와 집단 민주주의의 결합을-

지은이 | 노태구

발행일 | 2020년 2월 22일
발행처 | 부코
ISBN | 978-89-90509-52-9 03340

출판 등록번호 | 제22-2190호
출판 등록일자 | 2002.08.07

홈페이지 | www.booko.kr
트위터 | @www_booko_kr

전화 | 010-5575-0308
팩스 | 0504-392-5810

주소 | 서울 서대문구 북아현동 3-68 부코빌딩 501호
메일 | bxp@daum.net

저희 출판사는 여러분의 소중한 원고를 기다리고 있습니다. 메일로 투고해주십시오.

통일과 인간중심의 정치학

-개인 민주주의와 집단 민주주의의 결합을-

노 태 구 편저

부코

www.booko.kr

권두언

민족주의와 통일: 인간중심(人乃天)정치철학으로

대학(교수)의 사명은 연구, 교육 그리고 봉사라고 한다. 학생들을 가르치면서 정치철학은 민족의 평화통일에 주안점을 두었다. 냉전의 한 가운데서 6·25의 민족상잔이 일어나면서 좌·우이념의 일방적인 통일은 불가능한 것이 분명해졌다. 그래서 자본주의와 사회주의 이데올로기를 지양(止揚)한 제3의 정치이념이 요구되는 것을 인식하게 되어 평화통일을 위해 동학·천도교의 인내천주의(人乃天主義) 연구에 매진하게 되었다.

한편 동학사상(東學思想)으로 한 시대를 살아가면서 우리 민족의 통일에 더욱더 확고부동한 사명의식을 갖게 된 것은 현강(玄江: 현강의 호는 평소 황장엽선생으로부터 총애를 받던 임중산선생이 대동강과 선생님의 현묘지도(玄妙之道)의 사상을 떠올리며 지은 호이다) 선생을 만나게 되면서 동학의 창시자인 수운(崔濟愚)을 한국이 낳은 세계적인 민족사상가라며 그의 연구를 독려한데서도 영향을 받게된다. 현강은 평소 남·북의 배달겨레에게 전 세계에 마지막 남은 통일인 것을 두고 세계사적으로도 가장 아름다운 통일이 될 수 있도록 철학사상과 통일전략을 제시할 수 있어야 한다고 강조하시고 본인이 직접 남북을 왕래하며 실천하셨다(황장엽, 『인간중심철학원론』 시대정신, 2009, pp.520).

주위에서 미국망명을 권해도 편하게 살려고 한국에 온 것이 아니고 또 하나의 조국에 온 것이라며, 인간중심의 정치철학으로 민주주의 통일운동으로 일로매진(一路邁進) 하시다가 천수를 누리시고 환원하셨다. 개인적으로는 정년에 즈음하여 인생의 제2의 멘토를 만난 셈이다.

인간중심정치철학은 민족과 인류의 운명개척의 길을 밝혀주는 인간운명의 학문이다. 우리는 이 진리로 우리 민족이 평화통일을 위한 역사적 과업에 주인답게 참가하여 먼저 갈라진 조국을 민주주의로 통일하는 문제부터 해결하지 않으면 안 될 것이다.

그런데 남한은 경제의 비약적 발전에 비하여 정치사상과 민주주의적 국가관리가 상대적으로 뒤떨어져 있으며, 북한의 정치사상전과 군사적 위협에 의연하게 대처하지 못해 피땀으로 쟁취한 민주주의의 위업이 위험에 처하게 되었다. 이런 의미에서 '인간중심정치철학'은 한민족의 민주주의적 번영과 조국통일의 위업을 이루기 위하여 이바지하는데 그 의미가 있다고 할 것이다.

따라서 (한국)민족주의의 정치교육에 의하여 인간의 자주적 지위와 창조적 역할을 높혀갈 필요가 있다. 그리하여 인간은 먼저 자연을 개조하여 물질적 힘을 강화하고, 다음에 물질적 힘을 밑천으로 하여 인간개조사업을 진행하여 인간의 정신적 힘을 강화하여야한다. 인간은 강화 발전된 물질적 힘과 정신적 힘을 이용하여 세계에서 차지하는 자기의 자주적 지위와 창조적 역할을 높여나가야 한다.

인간중심의 **세계관의 원리**는 자연에 대한 과학적 인식이 심화, 발전함에 따라 발전하게 된다. 또한 사회과학의 발전과 더불어 심화, 발전하게 된다. 사회과학의 발전에 끝이 없는 만큼 인간의 본질적 특징에 관한 세계관의 철학적 인식의 발전에도 끝이 없다.

물질적 생명력, 정신적 생명력, 사회협조적 생명력은 인간생명력의 3대 구성부분이라고 볼 수 있다. 따라서 인간의 3대 생명력의 발전수준에 맞게 인간의 자주적 지위와 창조적 역할의 수준이 결정된다.

인간중심의 세계관에서 보면 객관적 존재성의 측면만을 물질세계의 본질적 특징으로 보는 유물론이나 주관적 측면만을 본질적 특징으로 인정하는 관념론은 다 같이 세계존재의 일면성만을 보는 과오를 범하고 있다는 것이 명백하게 된다. 이는 객관성과 주관성을 가장 뚜렷하게 체현하고 있는 가장 발전된 존재인 인간을 중심에 놓고 평화**통일의 세계관의 원리에서** 고찰함으로써 달성된 **철학적 인식의 성과에 의해 확인될 수 있다.**

민주적 민족주의 정치철학은 이렇게 반드시 인간생명력인 경제·문화·정치의 3대 구성부분의 과학적 인식에 의거해야 하며, 인간과 민족과 나아가서 세계의 운명개척에 이바지하는 방향에서 철학적 인식을 발전시켜 나가야 한다. 이렇게 보면 모든 지식이 다 진리가 되는 것이 아니라 물질과 정신을 변증법적으로 止揚한 인간중심의 사고로 민족의 운명을 개척하는데 이바지할 수 있는 **지식만이 진리가 될 수 있다는 것을 알 수 있**다.

끝으로 본고는 현강 선생의 강의를 수년간 직접 들어면서 평화통일을 위해서 중요하다고 여겨지는 주제를 중심으로 편자가 서거 10주기를 맞아 정리해본 것임을 밝혀주고자 한다.

2020(庚子)년 元旦
방배동 寓居에서

編者 識

제1부

인간중심정치철학

제1장
21C 민주주의 발전의 정치학

민족의 정치발전과 평화통일을 위해 인내천(人乃天)의 인간중심철학으로 유물론(唯物論)과 유심론(唯心論)의 일면성을 극복하는 것이 중요한 관심사이다.

모든 사물은 객관적으로 존재한다. 객관적 존재성을 가지고 있다. 그것은 양적으로 규정할 수 있다. **그러나 동시에 모든 사물은 자기를 보존하자는 주관적인 속성이 있다.** 양적으로는 계산하지 못한다. 오직 그것이 객관적인 존재성과 결합돼서 운동으로 나타날 때만 그것을 확정할 수 있다. 인간중심 정치철학은 이렇게 출발하는 것이다.

자기보존성이 발전하는 과정에 자기 보존성은 운동으로 나타나는데 이 때 자기보존성을 실현하기 위한 운동능력이 발전한다. 그래서 여기서 생명이 나오게 되고 또 정신이 거기서 나오게 된다. 정신은 다 자기보존성의 표현이다. 생명도 자기보존성의 표현이다. 자기를 보존하자는 그런 주관적인 속성은 생명, 이것은 반드시 운동능력에 의해서 나타난다. 인간은 자주적으로 살려는 삶의 요구를 가지고 있다. 그것을 창조적인 운동능력으로 보장한다. 그래서 이것을 인간이 진행하는 생존활동과 결부시키게 되면, 자연개조사업, 인간개조사업, 사회관계개조사업의 3면과 결부되어있다.

인간개조사업에서는 정신을 개조하는 것이다. **자연개조사업**에서는 물질적 힘을 쟁취하는 것이고 **사회관계개조사업**에서는 협조력을 개조, 강화해가는 것이다. 그래서 자기보존성의 견지에서 얘기할 때는 **자주성, 창조성, 사회적 협조성**이 인간의 본성과는 구별되는 본질적 특징이다. 그러나 인간이 어떤 생활력(생명력)을 가지고 있는가, 인간의 생명력이 어떤 특징을 가지고 있는가 할 때는 **정신적 생명력, 물질적 생명력, 사회협조적 생명력**으로 나타난다. 자주성, 창조성, 사회적 협조성이나 정신적 생명력, 물질적 생명력, 사회협조적 생명력이나 같은 말이다. 자주성이라는 것은 본질적으로 정신력에 의해서 대표되는 것이다. 정신이란 살자는 요구가 발전이 돼서 이루어진 것이다. 원래 정신이 발생하기 전에는 살자는 요구가 모든 것을 지배, 지휘했다. 그 지휘기능이 더욱 발전하여 정신이 되었다.

그 다음에 인간의 본성은 두 가지가 있다. **개인주의적인 본성과 집단주의적인 본성이다**. 인간을 개인주의적인 측면만을 본 사람은 인간의 본성은 악하다. 인간의 집단주의적 본성을 위주로 본 사람은 인간의 본성은 선하다. 동양에는 처음부터 성악설(性惡說)과 성선설(性善說)이 나왔다. 그러면 둘의 본성이 서로 싸우기 위해서 나왔는가? 그렇지 않다. 세계만물이 다 그러하다. 세계만물이 개별적인 존재인 동시에 집체적인 존재이다. 불연속적인 존재이면서 동시에 연속적인 존재로 되어 있는 것이 만물의 특성이다.

우리가 민주주의라고 할 때, 처음에 개인중심의 개인주의적 민주주의가 나왔다. 그러나 어느 날 개인적인 존재의 생존을 보장하자는 문제가 기본적으로 해결된 조건에서는 그것이 또 지나치게 나가기 때문에, 개인의 일생으로만 만족하지 않고 통일과 협조의 집단의 이익을 생각하는 그런 경향이 나타나게 되었다. 개인의 생명은 불연속으로 유한하지만 집단의 생명은 민족의 이름으로 영원한 불멸하는 것이다. 백범이 흉탄에 스러지자 사람들은 천벌을 받았다고 하였지만, 우사 김규식 박사는 天福을 받았다고 하였다. 민족과 더불어 영원히 영웅으로 남게되었기 때문이다.

사람은 죽고 나면 아무 것도 남지 않고 허전해서 못산다며 그래서 마음의 평화를 위해서는 절대로 없어지지 않고 영생한다는 무엇인가 신앙의 대상을 갖고 싶어한다. 따라서 굳이 종교를 갖어야 한다고 생각을 한다면, 가능하다면 좀 더 합리적이며 나아가서 과학적으로도 증명할 수 있는 인내천의 '인간중심철학(가칭 인도교(人道敎)라 하며)'을 종교화해서 믿을 수도 있지 않겠는가도 생각해보게 된다. 물론 동학에서 종교의 형태로 민족종교인 천

도교가 출현하기도 하였지만 말이다.

그리하여 믿을 바에는 좀 더 과학적으로 증명할 수 있는 것으로 개인은 죽지만, 민족은 건재하듯 **인간을 영생하는 집단적 존재로 보며 민족집단의 중요성을 신념으로 하여 믿는다는 것이다.** 개인의 생명을 영생하는 민족과 인류의 생명과 결부시켜서 살아나가는 것이 인간의 생존 목적과 부합되는 삶이기도 한 것이다. 따라서 굳이 종교와 비유해서 말한다면 소위 '인도교'는 민족과 인류를 믿는 종교라고 할 수 있겠다.

따라서 인간이 어떻게 살 것인가 하는 인생관의 문제를 해결하는데서 개인적 존재와 집단적 존재의 두 면을 가지고 있다고 하는 것을 아는 것이 중요하다. 개인적인 존재의 측면과 집단적인 존재의 측면을 결합시켜서 우리는 살아나가야 하기때문이다..

이렇게 보면 민주주의 발전에서 이제까지 우리가 개인주의에 치중하여 민주주의의 제한성이 나타나는 조건에서, 여기에다 집단주의의 통일성과 협조성을 강화해나가는 측면을 결부시켜서 개인적 존재의 장점과 집단적 존재의 장점을 결부시켜나가는 것이 오늘날 민주주의 발전의 정치학의 기본방향이라고 말할 수 있다.

개인주의 자본주의와 집단주의 공산주의의 자유와 평등의 가치를 변증법적으로 종합·지양한 21C 한국민주주의의 정치이념을 정립해나가야 한다는 것이다. 우리는 이를 반독재·반외세의 정치운동의 이데올로기로서 민주적 민족주의를 표방하는 한국민족주의라고 부르기도 하는 것이다.

결론적으로 동학(東學), 천도교(天道敎)의 사인여천(事人如天)의 인내천(人乃天)의 철학사상이 통일민주주의의 원리가 됨을 알 수있다.

제2장

인간중심정치철학: 세계의 본질(물질인가 정신인가)의 지양을

Ⅰ. 새로운 문명(세계관)을 예고하며

오래전부터 세계의 본질은 유물론이냐 관념론이냐, 물질인가 정신인가 하는 것이 그동안 논쟁이 되어 왔다. 마침 2018년 4월 27일 남·북한 정상회담에 의한 '판문점 선언'으로 하여 대한영토(한반도)의 비핵화가 오히려 전화위복이 되어 양체제의 장점을 살려 협력을 해가면 한반도에서 핵무기보다 더한 새로운 문명(세계관)이 탄생할 수 있을 것으로 사료되게 된 것이다.

따라서 우리는 이런 세계관에 맞는 정치철학과 교육이념을 발견해야할 순간에 서 있다고 할 수 있는 것이다. 그런 의미에서 남·북의 유심론과 유물론의 세계관을 변증법적으로 지양(止揚)할 필요가 있다. 이런 의미에서 지금부터 세계의 본질이 물질인가 정신인가를 인간관을 세계관으로 하는 인간중심정치철학을 중심을 살펴보도록 하자.

Ⅱ. 맑스주의: 주관성을 관념론으로

최근에 와서 '인간중심철학'을 유물론과 관념론을 합친 것, 조화시킨 것이 아닌가 하고 자꾸 물어본다. 그렇게 말하는 사람 자체가 유물론이 무엇인지 관념론이 무엇인지를 똑똑히 분간하지 못하고 있다. 맑스주의는 유물론적 세계관(유물사관)으로 시회과학을 완성했다고 한다.

그러면 세계의 본질을 무엇으로 보았는가? 세계만물의 공통성, 이것이 본질이라고 보았다. 그런데 세계만물에 공통성이 있는 것도 사실이지만 차이성이 있는 것도 사실이다. 차이성이 그저 있는 차이성이 아니라 이것도 보편적이다. 차이성도 보편적이다. 세상에는 꼭 같은 것은 있을 수가 없다. 꼭 같은 것은 하나도 없다. 사람에도 없을 뿐만 아니라 물질세계로 들어가도 꼭 같은 것은 없다. 그래서 공통적인 것만 갖고 자꾸 문제로 하니까 가장 단순한 존재가 공통성이 있는 것으로 된다. 가장 공통적임을 찾으니까 객관적으로 존재하는 것이다. 모든 존재의 공통성이 객관적으로 존재하는 것이다.

객관적으로 존재하는 데서 운동이 나오는가? 객관적으로 아무리 분석을 해도 역사의 추동력인 운동은 나오지 않는다. 맑스주의자들은 운동의 원인을 밝히지 못했다. 공통성도 보편적이고 차이성도 보편적인데 공통성만 보자고 했다. 공통성으로 말하면 결국에 가서는 제일 단순한 존재가 공통적이다. 이것이 여러 가지로 종합되어서 발전되니까 즉 원자가 뭉쳐서 분자가 사람까지 되듯이 원자를 본질적인 것으로 본 것이다. 이는 객관적 존재성만 보았지 주관성을 전혀 보지 않았다. 이것은 객관적 존재성만 가지고는 운동이 일어날 수 없는데, 따라서 왜 운동이 일어나는가를 고민하는 데서 이러한 주관성과 객관성을 비로써 알게 된 것이다.

객관적인 존재성만 가지고는 운동의 원인을 밝힐 수 없었다. 왜 운동을 하는가? 공통성만 보면 가장 단순한 것, 가장 저급한 것이 세계를 대표하는 것으로 된다. 차이성을 제일 많이 가지게 된 것은 무엇인가? **차이성을 제일 많이 가지게 된 존재는 인간이다.** 이것을 발견하는 데는 철학자로서 몇 십 년이 걸렸다. 인간이야말로 모든 차이성을 가지고, 낮은 단계의 모든 공통성을 내포하고 있는 존재로서 가장 발전된 존재이다.

차이성을 중심으로 해서 볼 때는 차이성을 가장 많이 가지고 있는 존재인 인간이 세계를 대표한다고 보아야 한다는 것이다. 공통성을 본질로 볼 때는 가장 낮은 단계, 가장 단순한 물질(존재)이 세계를 대표하는 것으로 볼 수밖에 없다. 공통성도 보편적이고 차이성도 보편적이다. 그래서 한 가지만 봐서 되겠는가? 그런데 우리 인간으로 말하게 되면 **정신**을 가지고 있다. 정신은 무엇인가? 맑스주의는 객관적인 존재에다 계속하여 귀착시키려고 했다.

다시 한번 반복하면 세계는 공통성(동일성)이 보편적인 특징이고 세계에는 완전히 다른 존재는 하나도 없다. 다 공통성을 가지고 있다. 그런데 꼭 같은 것도 하나도 없다. 차이성을 가지고 있다. **차이성은 보편적이고 공통성도 보편적이다.**

그래서 **공통성(공통적인 것)을** 자꾸 추상해 나가면 **객관적 존재로** 남게 된다. 차이성을 종합해 나가면 발전된 존재가 차이성을 제일 많이 가지고 있다. 공통성을 제일 많이 가지고 있는 가장 단순한 존재, 그것은 객관적으로 존재한다는 것밖에는 안 된다. 그런데 인간은 발전된 존재로서 정신을 가지고 있다. 그래서 생각하게 된 것이 다 같은 존재, 가장 단순한 존재는 정신이 없고, 말하자면 주관성이 전혀 없다. 객관성 밖에는 없다는 것이다.

그래서 맑스주의자들은 왜 운동하는가 하는 것은 묻지 말라는 것이다. **그것은 운동하기로 되어 있다. 물질존재의 방식이다.** 운동의 원인은 묻지 말라는 것이다. 그런데 인간은 발전된 정신이 있고 동물도 운동을 하는데 왜 운동의 원인에 대해 묻지 말라고 하는가? 모두 먹고 살기 위해서, 자기 보존을 위해서 운동을 하는 것이다.

그래서 운동의 원인을 두고 자기보존을 위해 **①가장 단순한 것을 기초로 해서 이것이 어떻게 해서 결합되면서 발전해나가는 것을 보는 것과, ②동시에 가장 발전된 것으로부터 출발점으로 해서 보아야 한다는 것이다.** 그렇기 때문에 어떤 물질도 죽은 물질이 아니다. 모든 것은 다 **주관성**을 가지고 있다. 정도의 차이일 뿐이지 주관성을 가지고 있다. 여기서 가장 기초적인 것이 **자기보존성**이다.

자기를 보존하려는 성질, 이것이 모든 물질의 공통적인, **모든 존재의 공통적인 주관성**이다. 자기보존성으로 객관성이 아니다. 객관적으로 존재한다는 것이 아니라 자기를 보존하려는 주관성이다. 그것이 자꾸 발전하게 되면 **정신**이 된다. 그래서 우리는 처음으로 **운동의 원인**이 되는 것이 무엇인가를 알게 된다. **자기 보존성**이다.

자기를 보존하기 위해서 모든 물질이 운동을 한다는 것이다. 물질이라 해도 좋고, 관념이나 존재라고 해도 좋다. 어쨌든 존재하는 것은 공통성과 차이성을 가지고 있다. 객관성과 주관성을 가지고 있다.

그런데 맑스주의자들은 물질이 어떤 주관성을 가진다고 해서 관념론이라고 한다. 이런 데서는 정말 우리는 유물론자가 아니다. 모든 존재에는 다 주관성이 있다. 그렇다고 해서 지금 정신과 물질이 독립적으로 있어서 결합되었다고 하는 것은 아니다. 존재하는 것을 세계를 놓고보면 객관적으로 존재하는 것으로 차이성을 가지고 있다. 공통성은 보편적이고 차이성도 보편적이다. **공통성을** 대표하는 것은 **가장 단순한 존재**이고, **차이성**을 대표하는 것은 **가장 발전된 존재**이다.

그래서 맑스주의자들은 가장 발전되고 차이성이 있는 것을 다 객관적인 존재성에다가 갖다 귀착시키려고 했다. **운동**은 **물질적 존재의 방식**으로 보고 **다 객관화**한 것이다. **생명**이란 단백체라고 하는 특수한 고분자, 화학물질인 유기체의 생존방식이다. **정신**이란 객관적 세계의 반영이다. 전부 객관화한 것이다. 생명의 본질, 정신의 본질 전부 객관화해버리고 말았다.

모든 물질이 자기보존성을 가지고 있어서 자기를 보존하고자 존재의 형태에 맞는 각양의 운동을 한다는 자기 주관성을 가진다. 이것이 가장 발전된 존재에 가서는 **자주성과 창조성**이 발전된다. 정신이 나오고 생명이 나온다. 맑스주의자들은 **생명에서 가장 고급한 생명력이 정신**이라는 것을 모르고 **반영**이라고 한다.

이렇게 놓고서 우리가 과거의 공통성 일면을 보는 의논을 발전에 기초해서 거꾸로 내려다 보면서 통일시킨 것이다. 그러므로 운동의 원인이 무엇이라고 하는 것이 일관성 있게 생각할 수 있게 된다. 생명이 왜 나왔는가 하는 것도 설명이 가능했다. 자기를 보존하려는 성질이 자꾸 결합되면서 다양한 성질로 변해서 자기를 보존하기 위한 **능동성, 주관성, 주동성**이 강화되어 나간다. 이 주동성과 능동성이 강화된 것의 표현이 **생명**이다. 생명이 발전되어 나가는데서 **정신**이 나오게 되는 것을 해명했다. 이것은 환상이나 가설이 아니고 객관적 사실로 입증한 것이다.

그런데 우리가 '인간중심의 철학'이라고 말하는 것 자체도 맑시즘과 비교하게 되면 주관주의를 생각하는 것으로 오해를 한다. 유고슬라비아의 교육부장이 주체(철학)사상에 대해서 물어왔다.[1] 사람중심의 철학이다. 사람이

1) 우리가 건배사를 할 때 한번 식사를 하면 손님(guest)으로 건배를 하고, 두끼 식사를 하면 친구(friend)로서, 세끼를 같이 하면 가족(family)으로서 건배를 하는 속담을 인용하곤 한다. 우리는 포도주를 몇 잔하고 나면 마음에 있는 얘기를 하게 되는데 그리하여 주체사상에 대한 담소를 하게 된다. 좋은 동지, 좋은 대화, 좋은 음식이 3위1체로 조화를 이루어 의미있는 대화를 하게 되는 계기가 마련되는 것이다. 현강 황장엽선생의 강의에서 경험담을 소개한 것이다.

세계발전에서 지도적인 역할을 한다는 철학이라고 설명했다. 그러자 주관적 관념론이 아니냐고 되묻는다.

맑스주의를 했다는 사람들이 물질에 주관성이 있는 것을 인정 안했다. 주관성이 있다고 하게 되면, 그러니까 인간의 본질이라고 하는 것을 인정하게 되면 관념론이라고 한다. 맑스는 **인간의 본질**이라고 하는 것은 **사회적 관계의 총체**다. 사회적 관계가 달라지면 사람의 성질이 달라진다. 그러므로 사회적 관계의 총체로서 생산관계가 달라지게 되면 상위의 상부구조인 정신이 달라진다고 보았다. 기초적으로 세계관을 두고 갈라지는 것이 여기에 있는 것이다.

Ⅲ. 인간중심철학의 세계관: 음양오행론

물질의 존재성, 물질이 자기를 보존하려는 성격 자체가 주관적인 성격이다. 주관적이라는 것은 머리에만 있다는 것이 아니다. 자기를 위해서 운동, 작용한다는 말이다. 이것은 철학 전문가들에게 흥미가 있는 문제이지만 인간중심철학의 기초에 해당하는 것이다.

여기서부터 갈라진 것을 두고, 유물론자들은 물질을 가지고, 관념론자들은 관념을 가지고 얘기하고 있는데 이들 모두 일면 밖에 보지 못한다. 결국 가서는 한 면만을 보고 절대화한 것이다. 그러다 보니 맑스주의에서 사람의 본질을 밝히지 못하고 사람의 본질을 밝히지 못하다 보니 사람과 세계와의 관계를 제대로 밝히지 못한 것이다.

우리는 이런 점에서 볼 때 동양에서나 서양에서 고대철학들이 우리나 서양 사람들이 비슷한데 동양에서는 음양오행설이라는 상당히 발전된 사상이 나왔다. 탈레스는 그저 물이다 불이다 정도의 얘기를 했지만 동양에서는 음기(陰氣)와 양기(陽氣)로 나누어 그것이 오행(금·목·토·화·수)으로서 구현된다는 식으로 사고했다. 동양인의 철학적인 사유가 대단히 발전했다.

그것도 지금 와서 보게 되면 그때에 과학적 지식이 없어서 보잘 것은 없다. 서양 철학을 하는 사람들은 서양철학화해서 기일원론(氣一元論)을 유물론이고 이일원론(理一元論)은 관념론으로 해석하려고 한다. 그러나 기(氣)라고 하는 것은 말하자면 물질을 자꾸 분석하다 보면 질량이 에너지로 변하는 것이다. 에너지라고 하는 것은 말하자면 동력(動力)으로서 기(에너지)가 되는 것이다. 에너지(기)가 질량을 가진 구조를 가진 물질로서 전환되는 것이 오늘날 밝혀진 것이다($E=mc^2$).

그렇기 때문에 동양 사람들이 음양오행설이라고 하면 기를 기본으로 해서 기가 오행으로서 구체적인 물질로 전환된다고 본 것은 상당히 발전된 사상이다. 그것을 구태여 서양철학처럼 해석할 필요가 없다. 그런데 그 후에 철학을 발전시키지 못했다. 과학의 발전이 늦었기 때문이다. 풍수설 같은 것도 아직도 믿는 사람이 있지만 완전히 잘못된 것이다. 물론 음양오행설도 그런 것을 아직도 믿는 사람이 있는데 잘못되기는 했지만 철학적 사고로 상당히 발전했다. 지금 심지어는 암흑물질도 물질과 암흑에너지로 갈라 본다. 기와 그것이 구체화된 물질이 다르다.

이런 의미에서 우리가 정립한 인간중심철학이 관념론과 유물론이 합친 것으로 그렇게 생각해서는 안 된다. 존재자체에 객관성과 주관성이 있다. 그것이 자꾸 발전하면서 생명이 나오고 발전한다는 것은 결합되어 자기보존성이 더해진다. 결합하지 않고서는 발전이 없다. 단순한 물질이 결합된 것을 비교해서보면, 원자의 질량이 합친 것이 분자인데 물론 비례로 하여 물의 분자량(H^2O)이 18인데 직접 우리의 인체를 구성하는 물질로 **DNA의 가장 무거운 분자량은 800억**이다. 얼마나 복잡하게 결합되어 있는가? 이는 벌써 동화작용까지도 할 수 있게 된다. 이것이 인간에 있어서는 유기체가 발전할 뿐만 아니라 객관화된 물질이 자꾸 결합되어 **구성요소와 결합구조**로 하여 결합수준이 생명수준으로 향상되어 근본적으로 달라지게 된다. **주관성**이 **속성**으로서 운동능력이 자꾸 달라지게 된다.

이런 기초를 가지고서 우리가 여기서 ① **세계관** ② **사회역사관** ③ **인생관** 문제를 다루게 된다. **맑스는 인생관을 다루지 않고 있다.** 객관성만 연구하다 보니 인생관이 없어졌다. 사람이 왜 사는가 하는 목적을 세울 수가 없었다. 현실적으로 여의치 않으니까 계급투쟁을 내왔다. 계급적 압박에서 벗어나서 잘 살아야 한다고 이렇게 생각했다. 이 사람들은 집단적으로 주장하면서 다 같이 잘 살아야 한다고 하니까 공통성을 자꾸 주장한다. 인생관에서 사람이 왜 사는가? 사람의 삶의 목적이 어디에 있는가? 이런 것을 따지지 않았다. **사람이 사는 것 자체가 목적이라고 했다.**

그러므로 세계를 보아 나가는데서 필연적인 것만 보고 자유를 인정하지 않았다. 자유가 존재한다는 것을 인정하지 않았다. **자유는** '**인식된 필연**'이라고 사고했다. 물질의 주관성이 자꾸 발전하면서 자꾸 정신이 발전하고, 이렇게 되면서 인간에게 자유가 더욱 불어난다는 사고를 하지 못했다. 마음대로 하는 것이 자유가 아니다. 그렇다고 해서 또 법칙을 인식하고서 따르는 것도 자유가 아니다.

이것은 다 인간중심철학의 제일 기초에 놓여 있는 이론이다. 맑스주의 유물사관을 비판하기 전에 소개하는 내용으로 이해하기 어려울 수도 있지만 이것은 알고 넘어가야 하는 것이기도 하다. 보통은 운동의 원인을 왜 따져야 하는가를 걱정을 안 한다.

독일 고전철학을 본질적으로 볼 때는 인식론이다. 세계를 인식할 수 있는가 없는가? 그런 논리에 대한 문제, 논리적인 것과 역사적인 것이 어떻게 관련되는가? 이런 것이 인식론이다. 헤겔철학이라고 하는 것이 논리학이다. 칸트도 인식론이다.

주관적 관념론을 두고 대표적인 것은 다음과 같다. **쇼펜하우어에 와서 확 달라졌다.** 헤겔과 같은 시대 사람인데 **의지를 본질로** 보았다. 의지라고 하는 것은 의지를 인간으로 본 것은 아니지만 의지 자체는 주관성을 가지고 있다. 그 **의지를 본질로** 보다 보니까 이를 **주관적 관념론**이라고 했다. **주관주의**이다.

헤겔같은 사람은 절대적인 존재가 있다고 생각해서 어떤 인격적인 신을 인정한 것이 아니라 절대적인 존재가 있다고 해가지고서 절대적인 정신을 보았다. 말하자면 정신을 절대화한 것이다.

주관적 관념론은 주관성을 절대화한 것이다. 여기 쇼펜하우어에서부터 시작하여 '**생의 철학**'이 나왔다. **생을 절대화한 것이다.** 거기서 이의 한 유파로서 **실존주의**가 나왔다. 이것 모두 극단주의를 절대화한 것이다. 우리가 이런 얘기를 하니까 곧 주관적 관념론이 아닌가 이렇게 나오는데 잘 몰라서 하는 말이다.

동양 사람과 서양 사람과의 차이를 두고 여러 가지 공통성이 있지만 **종교는 서양이 발전**한 것 같다. **일신교(一神教)**가 먼저 나온 것이다. 철학은 사실은 음양오행설이라는 것이 동양이 훨씬 앞선다. 음양오행설이 오늘에도 맞는다고 하는 것은 아니다. 원소만 해도 자연발생적으로 있는 것을 사람이 발견한 것이 92개인데 사람이 인공적으로 만든 것까지 합치면 100여개가 된다. 여기 5개에다 사람들이 길흉(吉凶)을 갖다 붙이니까 말이 안되지만 그러나 어쨌든 여기서 중요한 것은 두 개의 기를 보고 오행을 해 놓았고 사람의 운명과 결부시키고자 한 것은 상당히 발전한 것이다. 사람들이 이렇게 결부시키고자한 것은 그래도 점치는 것보다 낫지 않은가?

이것은 물론 이것을 가지고서 지금에 와서는 맞지 않겠지만 큰 역할을 한 것은 사실이다.

2500년 전의 조그만 왕국의 왕자로 태어난 석가모니도 사람들이 고통스러워하는 것을 보고서 동정하며 고통의 원인이 어디에 있는지를 계속 명상했다. 그리고 고통에서 벗어나는 방법이 무엇인지를 생각하게 되었다. 결국은 **고통의 원인은 욕망에** 있다. 욕망을 죽이게 되면 고통은 없어지게 된다고 해서 **고행**을 했다. 그전에 브라만교에서 넘겨받은 것이다. 그러나 고행만 해서 되겠는가? **적당한 욕망**을 가져야 되겠다. **중도의 욕망**을 가져야 되겠다고 해서 사람의 욕망에서 벗어나서 **해탈**된다.

열반(니르바나)상태로 들어가야 된다. 이것이 부처다. 그러면 그것이 지금에 와서는 맞지 않는 것도 많지만 그래도 자비심을 가지고 서로 도우며 동정심을 가지고 살아야 한다고 한 것은 약육강식의 동물적인 잔재가 많은 당시에 얼마나 큰 역할을 하였는가? 사람들의 마음을 부드럽게 만들고, 인간다운 정신을 가지게 하는데 얼마나 큰 역할을 하였는가? 2500년 전을 돌이켜 보면 대단한 일이다. 지금 맞지 않는다고 해서 비난하는 것은 잘 모르는 사람들이 하는 짓이다.

인도를 중국의 진시황처럼 통일시킨 **아쇼카왕**이 있다. 아쇼카가 얼마나 살벌한 사람인지 궁정내의 자기가 키우는 조그만 꽃을 꺾었다고 하여 궁녀를 그 자리에서 죽였다. 이복형제가 100명이 있었는데 99명까지 다 죽였다. 천하에 살벌한 사람이다. 불교에서 만들어낸 것인지 모르지만 하루는 궁전에서 밖을 내려다보는데 자기 아버지를 닮은 스님이 지나갔다. 그래서 어떤 사람인지를 불러서 캐물으니 자신의 이복형제였다. 유일한 생존자로 도망가서 농촌에서 살다가 중이 된 것이다. 동생한테서 불교 얘기를 듣고서 생명을 아끼지 않고 마구 죽인 것에 잘못을 뉘우치고, 불교를 국교로 선포하고 불경들을 다 모아서 통일 불전을 만들어내었다. 후대사람들이 만들어낸 것도 있겠지만 불교가 사람들의 마음을 인간적인 마음으로, 동물적인 약육강식의 본능을 인간다운 정신을 가지게 하는데 얼마나 큰 역할을 했겠는가? 중국에서도 불교가 들어와서 발전했다. 서양에서는 종교가 유대교가 일신교로 발전한 것인데, 중국에서는 옥황상제가 있기는 하지만 그렇게 발전하지는 못했다.

Ⅳ. 길가메쉬(진시황제) 프로젝트로 멋진 신세계를

공자의 손자인 자사(子思)가 쓴 중용(中庸)에는 다음과 같은 말이 있다.

천명지위성(天命之 謂性: 한울의 명은 인간의 본성이고)
솔성지위도(率性之 謂道: 인간의 본성을 따라가는 것이 도요)
수도지위교(修道之 謂敎: 도를 가르쳐 주는 것이 (종)교다)

이는 중용의 기본사상으로 역시 인간과 한울을 통일시키는 것으로 서양처럼 인격적인 신이 하늘에서 내려보는 종교사상은 아니다. 이것은 공자도 부인했다. 기본적으로는 인간과 세계를 통일시키는 방향으로 나아가는 철학사상인 것이다. 서양의 자유민주주의와 유일신관은 궤를 같이 한다. 그러나 양자물리학의 등장으로 초인적 초자연적 신관은 종언을 고하게 된 것이다. 이렇게 패러다임이 혁명적으로 변해 20세기에 들어와 인간은 유기체적인 존재에서, 다시 무기체가 유기체를 압도하는 전도 현상이 나타나고 있다. 인간이 새로운 알고리듬의 구조로 된 기계와 같은 존재로 다시 탄생하게된 것이다.

4·27 판문점선언으로 남북이 손을 잡고 생명공학, 사이보그공학, 비유기물공학(로봇공학) 같은 것을 남북합작으로 성공시켜나가면 대한영토에서 제4차 산업으로 하여 뉴턴-데카르트적 기계론적 세계관을 넘어 만물 속에서 작동 존재하는 유기체와 무기체의 조화를 통한 길가메쉬 프로젝트, 즉 진시황제 프로젝트로 멋진 신세계를 열어갈 수 있게 된다. 음양오행의 역학원리에 균형있는 감각으로 인간중심정치철학의 지도력을 잘 발휘해나간다면 평화와 번영, 통일조국의 신세계가 우리를 맞이하게 될 것이다. 민족자결주의의 정치력이 요구되는 상황이다.

제3장

인간론적 세계관으로 통일을: 형이상학과 변증법

동양에는 2500년 전에 음양오행설을 생각하고, 희랍에서 BC600년 전에 탈레스가 세계의 물질이 무엇인가를 두고 물(水)이라고 하였다. 이렇게 처음에 인간 외에 무엇인가를 생각했다고 하는 것 자체가 철학의 출발점이다. 인간의 운명이 세계와 관련되어 生과 死, 삶과 발전에 관심이 있기 때문이다.

살기 위해서는 앞으로 어떻게 해야 하겠는가? 발전을 위해 내 운명을 지배하는 외부의 신비로운 존재와 자신의 운명과 관련하여 생각했다. 우리가 알 수 없는 절대적 존재가 있다고 하는 사람은 결국에 가서는 **유신론자**가 되게 된다. 그런 것이 없다, 단지 우리가 볼 수 있고 만질 수 있는 것 외는 없다고 하는 사람이 **유물론**을 지지한다.

우리의 운명과 관련해서 우리 운명을 외부에서 이렇게 저렇게 지배하는 신비로운 존재가 있는가 없는가 하는 이 문제와 관련해서 유신론과 유물론이 갈라지게 되고, 운명을 고칠 수 있는가 없는가하는 것과 관련해서 **형이상학**과 **변증법**이 갈라지게 된다. 자신의 운명도 변화한다고 생각하는 데서 **형이상학적인 사고방식과 변증법적인 사고방식**으로 갈라지게 된다.

이는 철학적으로 존재와 운동에 관한 문제이다. 신비로운 존재가 있는가 없는가? 운동이란 변화를 의미하는데 운동의 본질이 무엇인가? 변화의 본질이 무엇인가? **형이상학은** 전체적으로 볼 때는 세계는 변화하는 것이 아니다, 부분적인 변화는 있지만 세계전체가 변화하는 것은 없다고 본 것이다. 운동에서 변화발전과 관련하여 **변증법의 문제가 나온다.** 그러니까 사물의 상태가 정지 상태, 변화 상태, 발전 상태의 3가지로 나누어진다. 인간은 노력에 의해서 자기가 타고난 것보다 훨씬 더 나은 존재로서 변화될 수 있다. 이것이 발전이다.

유물론자들은 정신이라고 하는 것은 물질의 반영이다. 두뇌의 반영인 그림자로 보았다. 관념론자들은 정신이 따로 있다. 정신이라는 것이 보이지 않지만 몸에 와서 머무를 때는 몸을 지배하게 되고 몸과 떨어져서 딴 정신 세계에 가 있다고 하면 이것은 **유심론이고 관념론이** 된다. 그런데 그것을 둘 다 일면적이라고 주장한 것이 인간중심 정치철학으로 **인간중심철학에서 처음으로 밝혔다. 지금까지는 지구가 발생한 데서부터 진화발전해온 과정들을 분석해서 내온 결과를 정신과 생명과 결부시키지를 못했다.**

맑스주의자들은 여기서 운동의 원인은 묻지 말라고 하였다. 운동은 물질의 존재하는 형식이다. 왜 운동하는가를 묻는 것은 왜 존재하는가를 묻는 것과 같다. 무의미한 일이라는 것이다. 운동의 원인에 대해서 자연과학자들도 하나도 얘기한 것이 없다. **뉴턴**한테 운동의 원리를 물었을 때 모른다고 했다. 움직인다는 것은 가속도의 법칙에서 충격을 줘야 움직이게 되어 있는데 최초에 가서 충격을 준 것이 그것이 한울님이겠다고 말했다. **아인슈타인**은 아예 운동의 원인에 대해 묻지도 않았다. 자연과학자들은 운동의 원인을 해명하지 못했다.

기독교 **성경**의 창세기를 보면 "빛이 있으라 하니 빛이 생기고, 바다가 있으라 하니 바다가 생기고", 그렇게 해놓고 보니 그것이 재미있다, 흥이 있다 보니까 신이 다 만들어 놓은 것으로 되었다. 또 **헤겔**의 경우는 자연도, 인간도 없는 데서 절대정신이 있어서 그것이 자꾸 발전되어 나가면서 완전히 자유로운 존재가 되어서 창조할 수 있다며 정·반·합(正·反·合)에서 구체화될 수 있다고 했다.

조금 더 힘든 논리로 들어가 보자. 칸트는 세상만물에서 4가지를 알 수 없다고 했다. **하나는,** 공간적으로나 시간적으로 **세계가 무한한가 유한한가? 둘째는, 존재하는 것이 단순한가 아니면 결합되어 복잡한가? 세 번째는,** 모든 것이 **필연의 법칙에 따라서 운동하는가 아니면 자유가 있는가? 네 번째는,** 모든 원인에서 인과에 관계없이 절대적으로 자유로운 존재가 있는가 없는가, 즉 **신이 있는가 없는가?** 네가지를 이율배반(antinomy)이라고 했다.

그런데 우선 우주가 무한한가 유한한가는 지금 당장은 필요없고, 또 우연인가 자유가 있는가 없는가 하는 것도 좀 있다가 말하고, 무엇부터 해결해야하는 것은 존재하는 것이 개별적으로 분리되어 단순하게 되어 있는가, 아니면 결합되어 복잡하게 되어 있는가 하는 것이 문제이다. 이것은 근본적인 문제이다.

지금까지 보면 모든 사물은 분열되어 존재할 수도 있고, 결합되어서 복잡하게 존재할 수도 있다. **여기까지 사고를 하면 깊어지는 것이다.** 자기를 보존하기 위한 운동이 어떻게 되어서 발전하는가? 결합되어 협력함으로써 발전하게 된다. 차이 있는 물질이 결합되면 결합될수록 운동에서 자기를 보존하려는 주동성과 다른 물질과의 능동성이 자꾸 발전한다. 사회적 관계에서 협력관계가 동물처럼 타고난 것이 아니라 목적의식적으로 협력을 해서 협력관계가 자꾸 발전을 하게 되면, 법률, 정치, 경제, 문화관계들이 제도화되고 객관화되어 계속 대를 이어가면 발전이 계속된다.

결합되어 협력하는 데서 새로운 힘이 나온다. 이것이 발전의 동력이다. 주동성과 능동성이 강화된다. 빛은 아무런 저항도 느끼지 않지만 일정한 정도로 결합시켜서 협동하게 되면 레이저 광선이 된다. **레이저 광선**은 쇠를 찌르고 들어간다. 공기도 **압축공기**가 되면 막 뚫고 나간다. **물도 압축하게 되면** 사람이 문제가 아니라 산도 뚫을 수 있다. **이렇게 긴밀하게 되어 협동하게 되면 그런 힘이 나온다.** 처음 지구가 생겨날 당시에는 이런 유기물질이 없었다. 이런 힘이 자꾸 병합되고 결합하는 데서 **10억년**이 걸렸다. 10억년 동안 단순한 물질이 결합되어 나가는 과정에서 단백질도 나오게 되고, **핵산, 효소**가 나오게 되었다. 효소가 중요하다. 효소는 생명이 있는지 없는지 그러나 자체 분열하기도 한다. 생물학 전문가들은 생명물질의 한계를 구분하기가 힘들다고 한다.

그러나 크게 나누면 동화작용과 유전작용을 할 때부터 생명이 있는 것으로 보게 된다. 이 생명체가 결합되어 생명협동이 발전하게 되면 생명활동을 지휘하는 기능이 발전하게 된다. **생명체란 살려는 욕망이 있고, 이를 욕망에 맞게 운동하는 운동능력이 있다. 그 운동능력과 찾자는 목적을 결합시켜야 한다.** 복잡한 것을 어떻게 결합시킬 것인가를 **지휘**하여야 한다.

유전자가 중요하지만 유전자도 변형을 시킬 수 있다. 그러나 우리의 의지를 더욱 더 고칠 수 있기 때문에 의지를 단련시켜 나가야 한다. 의지는 타고나는 것이 아니다, **숙명**(determimsm)의 대립개념으로 **혁명**을 두고, 서양의 **자발주의**(voluntarism)를 들 수 있다. 숙명론이라고 하는 것은 팔자에 타고 난대로 된다는 것인데, 팔자를 고칠 수 있다고 하는 것이, 혁명이라고 할 수 있다. **혁명**이란 天命을 바꾼다는 정권교체를 의미하기 때문에 **숙명론**의 반대용어가 사실은 **혁명론**이다. 역성혁명(易姓革命)은 한울의 명(령)을 받아 성을 고친 새 정권의 출현을 두고 것을 이를 역성혁명이라고 한다.

우리는 유물·유심의 계급사관의 일면적 세계관을 넘어 생명활동에 기반한 새로운 인간론적 세계관으로 민족통일로 나아가고자한다. 인간론적 세계관으로 이제 지구도 완전히 인간이 관리할 수 있게된다. **이런 줄거리를 가지고서 인간중심 정치철학의 세계관을 이해하도록 해야 한다.**

2018년 4·27 판문점선언은 **인간중심 세계관의 정치철학**으로하여 비로서 달성될 수 있을 것으로 사료된다.

제4장
영생하는 생명은 대집단의 생명밖에: 사상수양과 의지단련

개인이 지니고 있는 사회적 생명은 자기의 육체적 생명보다는 비할 바 없이 높은 차원의 생명력이라고 볼 수 있지만 사회적 집단이 지니고 있는 생명력에 비하면 양적으로나 질적으로 낮은 차원의 생명력이다.

개인이 지닌 생명력을 영생하는 대집단의 생명력과 결부시키고 집단의 생명력을 강화하는데 이바지하도록 살 때 대집단은 그 개인의 생명을 자기의 생명의 구성부분으로 평가해준다. 그것은 개인에 대한 집단의 사랑과 믿음으로 표현되며 개인에게 안겨주는 명예로 표현된다. 개인은 집단으로부터 이러한 사랑과 명예를 받아 안게 됨으로써 집단의 위대한 생명을 자기 자신의 생명으로 지니는 기쁨을 체험하게 된다. 사람들이 집단이 안겨주는 사랑과 믿음, 명예를 개인의 생명보다 더 귀중히 여기는 이유가 여기에 있는 것이다.

영생하는 생명은 대집단의 생명밖에 없는 만큼 개인이 영생하는 생명을 지니고 사는 길은 집단의 생명을 자기 자신의 생명으로 여기고 집단의 생명의 요구에 충실하며, 집단의 사랑과 믿음 속에서 사는 길밖에 없다.

의지도 생존과 발전을 실현하려는 생명체의 삶의 욕망에 속한다. 의지가 일반적인 삶의 욕망과 다른 점은 그것이 가장 근본적인 삶의 욕망을 대표하며 생명의 가장 능동적인 요인인 의식과 결부되어 작용하는 삶의 욕망이라는 데 있다. 의지는 순 정신적인 것이 아니라 정신과 결부되어 목적의식적으로 작용하는 가장 중요한 삶의 욕망인 것이다.

동물은 본능적으로 자기 욕망을 조절 통제하지만 인간은 목적의식적으로 자기 욕망을 조절 통제한다. 인간은 자기의 생존과 발전에 이익이 되는 것이 무엇이고 손해가 되는 것이 무엇인가를 반영한 많은 지식을 종합하여 이해관계를 판단할 때 지침으로 삼을 수 있는 지식의 체계를 세운다. 이해관계에 관한 지식의 체계가 **사상의식의 본질적 내용**이다.

그러므로 이해관계에 관한 정확한 지식을 많이 가진 사람일수록, 즉 보다 더 발전된 사상을 지닌 사람일수록 삶의 욕망에 대한 조절 통제를 보다 더 합리적으로 할 수 있는 가능성을 가지는 것이다.

인간의 **생명력이 강화**되었는가, 약화되었는가 하는 것은 **실천**을 통하여 검증될 수 있으며 우리가 인식할 수 있다. 또 실생활을 통하여 자기의 생명력이 강화되었다는 것을 자각하게 되었을 때 **기쁨과 만족**을 체험하게 된다. 이러한 체험과 결부된 이해관계에 관한 지식이라야 인간의 행동을 규정하는 의지에 영향을 줄 수 있다. 이해관계에 관한 지식을 책을 통하여 많이 알고 있으면서도 그것을 실천에서 적용하지 못하고 있는 것은 그 지식이 **실천적인 체험**과 결부되어 있지 않기 때문이다. 이해관계에 관한 지식을 체득하는 데는 실천적 체험이 매우 중요하다. 체험과 결부되지 않은 이해관계에 관한 지식(사상)은 아직 완전히 체득된 지식이라고 말할 수 없다. 지식과 체험의 연계가 공고할수록 이해관계의 지식이 인간의 의지를 규정하는데 더 큰 힘으로 작용할 수 있다.

감정도 기억되며 이해관계에 관한 지식과 결부되어 인간의 생명활동을 규정하는데 작용하는 만큼 의식의 구성부분이라고 볼 수 있다. **사상** 또는 **사상의식**이라고 할 때에는 **이해관계에 관한 지식** 뿐 아니라 이해관계와 결부되어 있는 감정도 포함시켜 생각하는 것이 옳다.

이해관계에 관한 지식만 알고 이와 결부된 감정을 모르는 사람은 아직 사상을 자기의 정신적 생명력으로 완전히 체득한 사람이라고 말할 수 없다.

그러나 여기서 언제나 깊은 관심을 돌려야 할 문제는 이해관계에 관한 지식을 인식시키는 한편 반드시 **실천을 통하여 올바른 생활감정을 체득해야 한다는 것이며, 의지를 단련하기 위한 훈련을 끊임없이 강화해야 한다는 것이다.** 이와 관련하여 교육 분야에서는 다음과 같은 대책을 세우는 것이 필요할 것이다.

첫째, 생명관에 관한 사상이론을 인식시키는 것이다. 생명의 귀중성을 밝히고 고급한 생명이 어떤 생명이며 고급한 생명을 지녀야 값있고 보람있게 살 수 있다는 것을 이론적으로 해명해 주어야 한다. 이와 함께 고급한 생명을 지니고 사는 방법을 가르쳐 주는 것이 필요하다. 이것은 **생명관에 관한 철학교육의 사명**이라고 볼 수 있다.

둘째, 생명관에 관한 이론과 결부시켜 올바른 감정을 가지도록 교육하여야 한다.

셋째, 사상수양과 의지단련을 강화하는 것이다.

사상수양은 생명과 관련된 이해관계에 관한 지식의 정당성을 생활감정과 결부시켜 체득하여 자기의 신념으로 만드는 **사상 습득과정**이다. 이러한 사상수양은 일생 동안 실생활을 통하여 진행하여야 하지만 온갖 불건전한 사상과 생활조건의 영향으로부터 해방되어 깨끗한 정신 상태에서 사상적 진리를 체득할 수 있도록 교육환경과 조건을 만들고 대상과 조건에 맞는 방법으로 진행하는 것이 효과적일 수 있다.

의지단련은 사상수양에 기초하여 실제로 고급한 욕망에 저급한 욕망을 복종시키도록 목적의식적으로 욕망을 조절하는 훈련을 하는 것이다. 의지를 단련하는 훈련도 일생 동안 끊임없이 진행하여야 하지만, 교육과정에서는 교육자들의 지도 협조가 필요하다. 이때 의지에 잘 복종하지 않는 현상이 나타나는 경우에는 인공적으로 제재를 가하여 의지에 복종하도록 자극을 주는 것도 하나의 교육방법이라고 볼 수 있다. 육체적 욕망이 사회적 욕망에 복종하지 않을 때에는 육체에 고통을 줄 수 있으며 개인적 욕망이 집단적 욕망에 복종하지 않을 때에는 사회적 생명이 고통을 느끼도록 집단적인 비판을 주고 사회적 생명활동을 제한하는 것과 같은 자극을 주는 것도 효과를 거둘 수 있을 것이다.

대립과 모순을 극복하기 위한 어려운 투쟁을 거듭할수록 의지는 강화된다. **의지가 강하다는 것**은 생명의 자주성이 강하다는 것을 의미하며 그것은 인간의 모든 생명활동에서 승리를 담보하는 결정적 요인이 된다.

혹자는 사상·이념교육을 소홀히 하며 환경운동 등을 강조하고 있는데, 이는 흡사 군사교육에 있어서 "사상교육이 결여될 때 총대가 막대에 불과해진다"는 것을 모르고 하는 소리이다. 오늘 북이 미국과 상대하여 당당하게 대결하게 되는 것도 군사대국과 더불어 사상대국을 건설해놓았기 때문에 가능한 것으로 볼 수 있다. 한국이 세계의 10대 무역대국이 되었음에도 불구하고 국제정치에 있어서 코리아 패싱이라는 말이 나오게 되는 것도 정치사상교육이 결여되어있기 때문이고, 위정자나 국민이 자주성과 창조성 등 자신감이 결여되어있기 때문이라고 말할 수 있다.

필자는 DJ 정권때 민주화시대를 맞아 산업화를 위해 만들어 놓은 전국의 새마을 교육기관을 정치·시민의식교육의 훈련장으로 운용하여야한다고 강의시간에 역설한 바 있다. 냉전의 시대를 지나 평화공존의 시대를 맞아 인내천(人乃天)의 한국민족주의의 정치이념교육으로 평화통일의 시대에 대비하여야 하기 때문이다.

제2부

유물사관의 이해

제5장

개인의 생명보다 귀중한 민족의 생명: 개인과 집단의 상호관계

Ⅰ. 인간의 동질성과 차이성: 계승성과 독자성

사물이 서로 결합되지 않고서는 새로운 성질을 가진 새로운 사물이 발생할 수 없다. 물질세계의 발전과정은 곧 각이한 성질을 가진 보다 단순하고 저급한 물질들이 서로 결합되어 보다 복잡하고 고급한 운동능력을 가진 물질로 변화되어 온 과정이다.

이것은 결국 다른 성질을 가지고 대립되어 있는 다양한 요소들이 결합되어 하나로 통일됨으로써 물질세계가 발전할 수 있다는 **변증법적 진리의 정당성**을 말해주는 것이다.

인간은 아무리 모든 삶의 요구가 실현되어도 만족하지 않고, 영생하는 사회적 집단을 부러워하며 사회적 집단과 함께 영생할 것을 염원한다. 개인의 생명을 사회적 집단의 생명과 결부시키려는 욕망이 **명예욕**으로 표현된다. 명예와 함께 물질적인 이익이 동반될 수도 있지만 명예 자체는 물질적인 이익과는 관계가 없는 것이다.

모든 물질적인 이익을 독차지하고 있는 제왕들에게 물질적인 표창은 의의가 없지만 명예욕은 버릴 수 없으며 남달리 강하다. 세익스피어의 희곡의 주인공인 팔스타프는 다음과 같이 언명한다.

> "명예란 무엇인가. 그것은 하나의 단어일 뿐이다. 명예란 단어는 무엇인가. 그것은 공기(空氣)이다." 명예는 실질적인 이익과는 아무런 관계도 없고, 다만 그 단어를 발음할 때 진동하는 공기에 지나지 않는다는 것이다. 그런데 팔스타프가 조소한 허망한 명예를 존중히 여기는 봉건귀족뿐 아니라 모든 사람들이 명예욕을 가지고 있는 것은 무엇 때문인가. 명예를 주는 주체는 명예를 받는 개인이 아니라 사회적 집단이다. 제왕은 자기에게 명예를 안겨주도록 사회적 집단에게 강요하지만, 강요에 의하여 얻은 명예는 진짜 명예가 아니다. 그럼에도 불구하고 봉건 제왕이나 독재가가 사회적 집단에게 명예를 강요하는 것은 명예를 주는 주체가 사회적 집단이라는 것을 말해준다.

만일 인간이 다 같고 차이점이 없다면 서로 분리되어 있을 필요가 없으며 하나로 통일되어 하나의 생명체로 살면 될 것이다. 같은 것이 아무리 결합되어도 양적으로는 커질 수 있어도 새로운 질을 가진 존재로 발전할 수는 없다. 만일 인간이 차이성만 가지고 공통성이 없다면 서로 결합될 수 없을 것이며, 결합을 통한 발전에 대해서는 생각할 수 없을 것이다.

바로 인간은 **공통성과 함께 차이성을** 가지고 있으며, **연속적인 존재인 동시에 불연속성을 가진 독자적인 존재**이기 때문에 서로 결합되어 발전할 수도 있고, 그 결합이 원만하지 못할 때에는 분리할 수 있는 자유를 가지게 되는 것이다. 따라서 인간과 인간의 결합과 통일은 절대적인 것이 아니며 인간의 대립과 분열도 절대적이 아니다.

인간의 통일과 대립이 절대적이 아니고 상대적이라는 것은 결코 통일과 대립을 절대적으로 부정할 수 있다는 것을 의미하지 않는다. 만일 인간이 결합과 통일을 절대적으로 부정하거나 대립과 분열을 절대적으로 부정할 때는 대립물의 통일의 기본 구조 자체가 부정되어 인간의 본질적 속성 자체가 치명적인 타격을 받게 될 것이다.

버림받은 자의 비참한 최후는 결합과 통일 자체를 절대적으로 부정하고 대립과 분열을 절대적으로 긍정한 결과 초래된 것이라고 볼 수 있다.

물질이 발전하면서 대립되는 요소들의 대립 방식도 변화되고 대립되는 요소들을 통일시키는 결합방식도 달라지게 된다. 무생명 물질들을 통일시키는 물리, 화학적인 결합방식과 생명물질들을 통일시키는 유기적인 결합방식, 사회적 존재인 사람들을 통일시키는 목적의식적인 사회적 결합방식은 결합방식이라는 공통성도 있지만 질적 차이가 있다. 보다 발전된 물질과 덜 발전된 물질을 대비할 때 대립방식이나 결합방식의 공통성만 보려고 하거나 차이성만을 보려고 해서는 안 된다.

개인들은 사회적 집단으로 결합시키는 요인은 사회적 관계만이 아니다. **사회적 의식**은 사회성원들의 공통적인 정신적 유대라고 볼 수 있다. 사회에서 통용되는 언어와 사상과 문화를 모르고서는 사회의 한 성원으로 살 수 없다. 사회에는 많은 사회적 재부가 있다. 사람들은 **사회적 재부**를 이용하지 않고서는 사람답게 살 수 없다. 사회적 의식과 사회적 재부와 **사회적 관계**는 다 객관화되고 사회화되어 있으며 개인의 의사와는 관계없이 계속 발전한다.

개인은 사회적 의식과 사회적 재부, 사회적 관계를 떠나서는 살 수도 없고 발전할 수도 없다. 개인들은 서로 다른 삶의 요구와 이해관계로 하여 서로 대립되어 있으면서도 사회적 의식과 사회적 재부, 사회적 관계의 공통성으로 하여 사회적 집단으로 결합되지 않을 수 없다. 그것은 생물학적 존재로부터 사회적 존재로의 이행이 **생명체 발전의 기본 방향**이기 때문이다.

개인도 생명을 가지고 있고 집단도 생명을 가지고 있다고 할 때 양자가 서로 분리되어 있다는 것을 의미하지 않는다. 집단이 개인의 생명을 자기 생명의 구성요인으로 포함하고 있을 뿐 아니라 개인도 집단의 성원으로서 집단의 생명을 자기의 생명으로 체현하고 있다. 그러므로 개인들의 생명이 끊어질 때 집단도 아파하고 집단과 개인의 생명이 끊어질 때 개인도 심한 고통을 느끼게 된다.

고리끼는 전설을 취급한 자기 작품에서 사회적 집단으로부터 버림받은 존재의 신세가 얼마나 가련한가를 보여주고 있다.

> "옛날 평화롭고 화목하게 살아가고 있는 어느 한 공동체에 큰 독수리가 날아와 처녀를 채어 날아갔다. 그 후 20년이 지난 다음 그 처녀가 20세 가량 되는 청년을 데리고 돌아왔다. 여자의 말에 의하면 깊은 산속에서 독수리와 함께 살았는데, 독수리가 늙어 죽었기 때문에 아들을 데리고 고향을 찾아왔다는 것이었다. 독수리의 아들인 청년은 끝없이 교만하여 공동체의 원로들이 묻는 말에 대답도 하지 않을 뿐 아니라 원로의 한 사람의 딸이 자기 요구를 받아주지 않는다고 하여 원로들 앞에서 처녀를 무참히 밟아 죽였다. 격분한 공동체 성원들은 그 청년을 결박해놓고 어떤 방법으로 죽이는 것이 가장 큰 고통을 주겠는가에 대해 오래 토론하였다. 마침내 한 현자의 제의에 의하여 그 자를 그냥 풀어주어 혼자서 자유롭게 살도록 내버려두기로 결정하였다. 이때부터 청년은 인간의 집단으로부터 완전히 버림받은 존재로 되었다. 청년은 집단과 싸워 자기가 이겼다고 우쭐거리며 혼자서 자유롭게 살았다. 공동체의 가축도 훔쳐가고 양곡도 약탈해갔다. 그러

나 그 누구도 그를 상대하는 사람은 없었다. 그 청년은 먹는 데는 걱정이 없었으나 점차 고독을 느끼게 되었다. 나중에는 사람들이 자신을 때려주고 죽여줄 것을 바라게 되었으나 그 누구도 그에게 접근하려고 하지 않았다. 그의 고독과 슬픔은 극도에 도달하였다. 그는 죽지도 못하고 살지도 못하고 오직 슬픔만이 가득 찬 고통의 화신으로 되어 **그림자와 같이 말라죽게 되었다**."

고리끼는 "그의 아버지는 짐승인 새였기에 고독하게 자유롭게 살 수 있었지만, 그 청년은
사람이었기에 아버지와 같이 고독하게 자유롭게 살 수는 없었다"고 결론을 지었다. 이것은 인
간이 사회적 존재로서 사회적 집단과 함께 사회적 관계를 맺고 살아야 한다는 인간의 본성을 배반하였을 때에는, 배반자를 인간의 본성이 스스로 처벌하게 되는데, 이 처벌이야말로 외부적으로 가해지는 어떤 다른 처벌보다도 가장 고통스러운 처벌이라는 것을 말하여 주고 있는 것이다.

그러면 인간의 사회적 본성의 진수는 어디에 있는가. 마르크스는 인간의 본질을 사회적 관계(경제관계)의 총체로 규정하였다. 이것은 당시로서는 탁견이었다고 볼 수 있다. 그러나 그는 역시 생명을 어디까지나 생물학적 속성으로만 이해하였으며 사회적 생명에 대한 인식을 가지지 못하였다.

생명체로서의 인간은 연속적인 존재인 동시에 불연속적인 존재이다. 부모로부터 자식이 태어나고 그 자식으로부터 또 자식이 태어난다. 이것으로서 생명체의 존재가 혈연적으로 연속되어 있다는 것은 명백하다. 그러나 부모와 자식은 똑같은 존재가 아닐 뿐 아니라 자식은 부모의 한 부분이 아니다. 자식은 사회적 집단의 한 성원으로서는 독자성을 가진 존재이다. 우리는 이렇게 **인간의 생명의 사회적 속성**인 매 세대들의 집단의 **계승성**과 함께 자주적인 사상의식과 창조적 힘의 **독자성**을 찾아볼 수 있는 것이다.

II. 인간은 대립물의 통일의 존재: 연속적인 존재인 동시에 불연속적인 존재로

인간은 연속적인 존재인 동시에 불연속적인 존재이며 집단적인 존재인 동

시에 개별적인 존재이다. 이 점에서 인간은 대립물의 통일을 이루고 있는 존재라고 볼 수 있다.

삶의 요구와 이해관계는 사회적 의식인 **사상의식**을 통하여 표현된다. 사람들의 삶의 요구를 사회적인 방법으로 결합시킨다는 것은 무엇보다도 모든 성원들이 사회적 집단의 삶의 요구와 이해관계를 반영한 **올바른 사상**을 가지게 한다는 것을 의미한다. 만일 민족의 모든 성원들이 자기 민족의 삶을 요구와 이해관계를 반영한 **애국애족의 사상**을 가지게 되면 사회적 집단으로서의 자기의 고유한 생명을 가진 민족, 제 정신을 가진 민족이라고 볼 수 있다.

이러한 민족의 생명은 필승불패이며, 어떤 어려운 환경 속에서도 자기 운명을 자체의 힘으로 확고하게 개척해나갈 수 있다고 단언할 수 있다.(황장엽, 『개인의 생명보다 귀중한 민족의 생명』 (시대정신: 1999, 12. 15), pp. 382)

그럼에도 불구하고 아직도 많은 사람들이 인간의 삶의 요구와 이해관계를 반영한 사회적 의식인 **사상**을 생명과 결부시켜 이해하지 못하는 데로부터 **사상적 결합의 중요성**에 관심을 돌리지 못하고 있다. 이런 사람들은 개인의 생명만을 생명으로 인정하고 사회적 집단의 생명을 생명으로 인정하지 않으며, 개인의 사상만을 사상으로 인정하고 사회적 집단의 사상을 사상으로 인정하지 않고 있다.

그리하여 자기 민족의 삶의 요구와 이해관계를 반영한 사상을 진지하게 연구하여 인민들 속에 보급할 생각은 하지 않고, 사상의 다양성만 강조하면서 저마다 사상의 대가로 행세하는가 하면, 남의 사상을 소개하는 데만 급급하고 있는 형편이다.

민족이 자기 운명을 개척해 나가는데 있어서 무엇이 이익이고 무엇이 손해인가를 과학적으로 연구할 수 있는 것처럼 민족의 삶의 요구와 이해관계를 반영한 **사상**도 과학적으로 연구하고 발전시킬 수 있다. 민족 공동의 사상을 연구하고 발전시키기 위해서는 서로 다른 관점과 견해를 종합하는 것이 필요하며, 어느 개인의 사상을 절대화하고 다른 사람들의 사상적 견해를 무조건 부정하는 것과 같은 사상적 독재는 허용될 수 없을 것이다.

그러나 사상적 진리의 존재와 사상적 통일성의 중요성을 부정하고 사상의 자유만을 주장하는 것은 옳지 않다. 사상이 인간의 생명, 민족의 생명, 더 나아가 인류의 생명과 관련되어 있는 만큼 인간의 생명, 민족의 생명, 인류의 생명을 해치는 사상을 그대로 내버려 둘 수는 없다. 그릇된 사상을 비판하는 사상적 자유는 응당 허용되어야 할 것이다.

우리는 일상생활에서는 자기의 개인적인 이익을 보호하려는 욕망이 앞서지만, 극장에 가서 영화를 볼 때는 그럴 필요가 없기 때문에 기쁨과 슬픔을 같이 나누려는 본성, 즉 생명을 같이 하려는 본성이 거침없이 발로될 수 있다는 사실을 통해 인간이 기쁨을 같이 할 뿐 아니라 슬픔과 고통을 같이 하려는 것도 사회적 인간의 본성의 표현이라는 것을 찾아볼 수 있는 것이다. 이것은 사람들 사이의 불평등과 적대관계가 없는 조건에서는 고립적으로 사는 것보다 많은 사람들이 결합되어 기쁨과 고통을 같이 나누며 사는 것이 비할 바 없이 행복하다는 것을 말해준다.

혼자 고생을 하는 것은 고통스럽지만 공동의 운명을 개척하기 위하여 다 같이 고생하는 것은 고통스럽지 않다. 이 때에는 공동의 고생에서 면제되는 것이 오히려 고통스러운 법이다. 혼자서 죽는 것은 무섭지만 공동의 운명을 위하여 같이 죽는 것은 두렵지 않다. 이때 혼자 살아남을 것을 바라는 것은 인간의 본성이 아니다. 인간은 오히려 사회적 집단의 공동의 운명에서 제외되는 것을 고통으로 여긴다. 공동의 운명에서 제외된다는 것은 집단의 생명과의 연계가 끊어진다는 것을 의미하기 때문이다.

혼자 잘 살려는 것이 인간의 본성의 전부인 것처럼 생각하는 것은 잘못이다. 우선 자기부터 잘 살고 보자는 것이 인간의 생명이 개인적이라는 사정과 관련되어 있다면, 다 같이 함께 잘 살 것을 요구하는 것은 인간의 생명이 집단적이라는 사정과 관련되어 있는 것이다.

인간의 본성은 이 두 면을 가지고 있다. 그러므로 마치 극장에서와 같이 개인의 자주성을 침해당할 우려가 없도록 **민주주의적 질서가 철저히 보장된 기초 위에서 보다 많은 사람들이 거침없이 결합되어 생사운명을 같이 해나**

가는 사회적 집단이야말로 가장 힘있는 생명을 지닌 집단이라고 볼 수 있다. 또 이러한 사회적 조건이 마련된 사회일수록 인간의 사회적 본성에 맞는 **훌륭한 사회**라고 평가할 수 있을 것이다.

개인이 고립적으로 살 수 없다는 것은 개인의 생명의 원천이 사회적 집단이라는 것을 말해주는 것이다. 개인의 삶은 아무리 잘 살아도 한 대에서 끝난다. **영생하는 것은 사회적 집단의 생명뿐이다.** 개인의 생명은 오직 사회적 집단의 생명과 결부됨으로써만 영생하는 생명의 한 부분으로서 영생의 요구를 실현할 수 있는 것이다. 개인의 생명을 사회적 집단의 생명과 결부시킬 것을 요구하는 것은 인간의 사회적 본성의 중요한 표현이다.

명예는 개인의 삶에 대한 사회적 집단의 긍정적인 평가다. 개인은 자기의 삶이 사회적 집단의 요구에 맞는다고 평가될 때 커다란 기쁨과 만족을 느낀다. **사회적 집단은 사회가 발전할수록 개인의 명예를 더욱 존중히 여기고 명예욕을 충족시킬 수 있도록 개인의 생명활동에 대한 올바른 사회적 평가를 주어야 하며, 그것이 개인의 생명과 사회적 집단의 생명을 통일시키는데 이바지하도록 깊은 관심을 돌려야 할 것이다.**

이와 함께 사회적 집단에게 명예를 강요하는 독재자들의 반인민적 권력행사와 개인숭배를 고취하는 기만선전을 배격하여야 하며, 사회적 명예를 얻어 보려고 가면을 쓰고 사회적 집단의 환심을 사기 위한 사기협잡을 일삼는 자들의 정체를 폭로 비판하여야 할 것이다.

개인의 생명은 집단의 생명의 한 구성 부분이다. 그러므로 집단의 생명은 개인의 생명보다 귀중하다. 이런 점에서 개인의 생명보다는 가족의 생명이 더 귀중하며, 가족의 생명보다는 민족의 생명이 더 귀중하고, 민족의 생명보다는 인류의 생명이 더 귀중하다고 말할 수 있다. 그러나 아직 인류는 하나의 운명공동체로 결합되지 못하였다. 지금 역사는 민족이나 국가를 기본 단위로 하는 생활공동체로부터 단일한 인류공동체로 넘어가는 과도기에 처해 있다. 그러므로 현실적으로 개인에게 가장 귀중한 생명은 민족의 생명이다.

개인은 자기 민족의 생명을 구원하고 발전시키는데 1차적인 관심을 돌려야 한다. 그러나 민족발전의 방향은 인류 발전의 요구에 부합되어야 할 것이다. 개인들은 집단에 종속된 한 부분이 아니라 평등한 공동의 주인이다. 이러한 관계는 인류에 대한 민족의 관계에서도 같다고 볼 수 있다. 따라서 우리는 이 시대의 민족사적 당면과제인 한(韓)민족공동체 건설에 먼저 일로매진(一路邁進)해가야 할 것이다.

우리가 '민족주의 이론'을 두고 인간중심 민주주의와 자유 민족주의(liberal nationalism)를 누에(butterfly: 민주주의)와 고치(cocoon: 민족주의)의 누에고치의 상관관계를 한 물체의 양면으로 보아, 예를 들어 설명하는 이유도 여기에 있는 것이다. 내용과 형식이 일치해야한다. 맹목으로 빠지지 않고 또한 공허한 메아리가 되지 않아야 하기 때문이다.

제6장

인간중심정치철학의 역사관: 인간은 개인적 존재이자 집단적 존재

1. 유물사관의 출발점: 사회적 존재가 인간의 의식을 결정한다

이렇게 좋은 세상에 이제는 알고서 죽을 것이 아니라 알고서 보란 듯이 잘 살기 위해서 신심을 다해 공부해야 한다. 젊었을 때 유물사관을 들었을 때는 대단히 흥분했다. 이렇게 논리정연한 과학적인 이론이 있구나 하고 대단히 감탄했다. 요즈음에 와보면 물론 잘못된 것이 많이 있다는 것을 느끼게 된다. 그 때까지는 관념론적인 역사관이라고 하는 것이 보잘 것 없었다.

유물사관의 첫째 출발점의 명제는 무엇인가? 사회적 존재가 사회적 의식을 결정한다는 것이다. 맑스의 유명한 말로 사회적 의식이 사회적 존재를 결정하는 것이 아니라 반대로 사회적 존재가 사회적 의식을 결정한다.

그러면 **사회적 존재**란 무엇이며, **사회적 의식**이란 무엇인가? 공산주의 지도자들도 이것을 잘 모른다. 사회적 존재란 사람이 무리를 이루어 사는 것으로 사고한다. 그러므로 꿀벌사회, 개미사회 등 이런 식으로 해서 집단적으로 같이 생활하게 되는 것을 사회라고 본다. 진정 사회적 존재가 무엇인가 하는 것은 인간 중심정치철학에서 처음으로 밝힌 것이다.

공산주의자들이 곧 잘 사회적 존재라는 말을 사용한다. 사람은 사회적 존재라고 하면서 그렇기 때문에 많은 사람하고 틀리면 안 되는 것으로 말한다. 그때 사회적 존재란 사회적으로 결합되어 산다는 생각이다. 그런데 이는 보통 상식적으로 하는 말이다. 사람은 고립적으로 사는 것이 아니라 사회적으로 관계를 가지고 산다. 이것을 보통 사회적 존재라고 말한다. 그러나 여기서 말하는 것은 이것이 아니다.

그렇기 때문에 원문으로 하게 되면 그저 사회적 존재가 아니라 '인간의 사회적 존재' 이렇게 되어 있다. 이 경우에는 인간이 어떤 사회적 조건에 있는가를 말하는 것이다. 이것을 일반이 구분을 못한다. 인간의 사회적 존재란 인간이 어떤 사회적 조건에서 사는가 하는 것을 맑스는 말하고 있다. 인간의 사회적 존재가 인간의 의식을 결정한다는 것이다.

2. 사회적 존재: 물질적 조건 4가지

그러면 맑스주의가 말하는 인간의 사회적 존재란 무엇인가? 인간이 있는데 인간의 활동을 규정하는 사회적인 물질적 조건을 생각했다. 인간을 빼놓고 인간이 어떤 사회적 물질적 조건하에 사는가? 이렇게 구분해서 봐야지 혼동하게 되면 맑스주의를 모르게 된다.

인간의 사회적 존재라고 인간이 사회적으로 결합되어 사회를 이루어 산다고 상식적으로 말하는 것은 다르다. 이는 인간이 어떤 사회적인 물질적 조건에서 사는가 하는 것으로 물질적 조건을 말하는 것이다. 물질적 조건에는 ①자연, 지리적 관계 ②인간도 물질로 보고 인간의 수는 얼마나 되는가? ③생산하며 살기 때문에 생산력도 들어간다. ④생산관계도 들어간다. 대체로 이렇게 해서 인간의 사회적 존재라고 하는 것은 이 4가지를 들었다.

①자연을 떠나서는 살 수 없으니 사람의 행동을 규정하는데서 자연이 하나 들어간다. 이것을 똑똑히 알지 못하면 유물사관을 이해하지 못한다. 공기를 마시지 않고 땅을 딛지 않고 살 수가 있는가? 그렇기 때문에 자연 지리적 조건도 사람의 행동을 규정하는 하나의 물질적 조건이다. 사회적 조건이다.

②또 사람이 없이는 사회가 성립되지 않는다. 사람도 물질적 조건의 하나이다. 그런데 사회적 존재가 사회적 의식의 반영이다 보니 정신을 가진 사람을 반영했다고 하면 모순이므로, 그때 사람이라고 하는 것은 육체만 가진 인구수를 말한다. 일정한 인구가 있어야 사회적 조건이 마련된다는 것이다.

③먹고 살기 위해서는 생산력이 필요하다.

④또 생산하기 위해서는 생산관계가 필요하다. 이런 식으로 생각해서 사람의 활동을 규정하는 물질적 조건을 4가지를 들었다.

사람의 사회적 존재는 어떤 물질적 조건에서 사는가 하는 것을 두고 사람의 사회적 존재라고 하였다. 사람이 사회 의식적으로 결합되어 산다는 말이 아니다. 공산주의 지도자들은 이런 내용을 여러 번 얘기해도 이해를 못한다. 원전을 읽어보지 못했기 때문이다.

3. 사회적 의식: 사회적 공동의 정신

그러면 사회적 의식이란 무엇인가? 사회적인 정신이다. 동물의 정신은 사회적 의식이 아니다. 왜 그런가? 사회가 공동으로 가지고 있어야 사회적 의식이다. 혼자 가지고 있는 환상이나 혼자 생각하는 것은 사회적 의식이 아니다. 사회성원들이 공동으로 정신을 가지자면 어떻게 해야 되는가? 객관화되어야 한다. 자기 마음속으로 혼자 생각하는 것은 사회적 의식이 아니다. 제일 먼저 객관화로 나타난 것이 언어(말)이다. 이것은 종이다, 책상이다 하며 말로써 제일 먼저 물질적인 객관적으로 결부되어 나타난 것이 언어이다.

혼자만 하는 언어는 언어가 아니다. 사회적 집단이 다 같이 알아야 한다. 기초적인 것이다. 우리가 머리에서 생각하는 것을 객관적으로 표현할 수 있게 되어야 한다. 객관적으로 표현하게 되면 그것을 사회성원들이 다 같이 이해할 수 있게 된다. 사회적 의식이란 바꾸어 말하면 사회적 정신이라고 말해도 괜찮다. 사회공동의 정신이다.

여기서 맑스주의자들은 어떻게 생각했는가? 인간의 사회적 존재가 인간의 사회적 의식을 규정한다. 왜 그런가? 사회적 존재의 반영이다. 맑스가 처음부터 이렇게 체계적으로 설명한 것이 아니다. 우리가 설명을 하는 것이다. 맑스는 간단하게 『경제학 비판』이라는 조그만 책의 서문에서 "인간의 사회적 존재가 인간의 사회적 의식을 규정한다"고 얘기했다.

사회현상을 물질적인 것과 정신적인 것을 둘로 갈라놓고 보았다. 그래서 물질적인 것은 사회적 존재이고 정신적인 것은 사회적 의식이다.

4. 물질적 4조건에서 자연과 인구는 빼고: 생산성과 생산관계만 남고

물질적인 것이 정신적인 것을 규정한다. 왜냐하면 정신이라고 하는 것은 물질적인 것을 반영한 것이기 때문이다. 좀 더 나아가면 사회적 존재가 사회적 의식을 결정한다고 했는데 자연 지리적 환경이 무슨 큰 영향이 있는가? 자연은 다 같지만 사상은 다르다.

그런데 자연 지리적 환경이 매우 중요하다고 강조한 사람이 **몽테스큐**다.

『법의 정신』의 저자로 3권 분립을 이론적으로 주장하였다. 그는 사람들이 어떤 성격을 갖게 되고 어떤 사상을 가지게 되는가 하는 것은 자연적인 환경에서 너무 더워도, 너무 추워도 재미없고 온대 지방에서 사람의 정신이 발전하고 그런 식으로 해서 기후조건이 사람의 정신, 사람의 감정에 미치는 영향을 대단히 중요시하였다. 그러나 이런 것이 현실적으로 그렇게 큰 영향을 미치지 못한다고 맑스주의자들은 판단했다.

인도사람들이 뒤떨어진 것이 인구수 때문인가? 그 전에는 뒤떨어진 것도 아니다. 오히려 앞섰다. 더워서 그런가? 인도가 제일 더울 때는 48℃이다. 그래서 사회적 존재에서 지리적 환경을 삭제했다. 자연을 물질적 조건에서 뺀다.

그 다음에는 인구가 사람의 의식변화에 무슨 큰 변화가 있는가? 인구가 많다고 해서 반드시 정신이 진보적인가? 또 인도의 예를 들어 인도에 사람이 많지만은 그렇다고 해서 인도의 정신이 발전했는가? 그러나 큰 나라들에서 많은 사람들이 협의를 해가면 얼마나 좋은가 하는 생각이 들 때가 있다. 인구 자체가 사람의 사상발전을 규정하는 것은 아니다. 인구가 적은 나라에서도 아주 대단히 훌륭한 천재적인 사상가가 나올 수도 있고, 인구가 많지만은 계속 떠들기만 하면 똑똑한 사상을 못가질 수도 있다. 그렇기 때문에 맑스주의자들은 '인구'도 빼자고 한 것이다.

결국 사람들이 어떤 정신, 어떤 사상을 가지고 나가는가 하는 것은 먹고 살기 위해서 그런 사상을 가지는 것이다. 그러므로 먹고 살기 위해서 반드시 필요한 물질적 조건이 무엇인가? 생산력과 생산관계이다. 이렇게 하여 남게 된 것은 위의 4가지 중에 생산력과 생산관계이다. 그것 없이는 먹는 문제를 해결하지 못한다.

5. 생산력과 생산관계: 생산력의 내용과 생산관계의 형식(토대)

그러므로 사회적 존재가 사회적 의식을 규정한다고 해놓고서 출발한 것이 점차 정리해 내려가니까 사회적 존재가 사회적 의식을 규정한다고 하는 것이 생산방식(생산양식), 즉 생산력과 생산관계의 통일된 것이 사람의 의식을 규정한다는 것으로 되어버리고 말았다.

거기서 또 한 단계 진화되었다. 어떻게 진화되었는가? 생산력이 직접 사람들의 이해관계를 결정하는 것이 아니다. 생산관계를 통해서만 사람들에게 영향을 준다. 생산력의 발전에 상응하게 생산관계가 이루어지는데, 사람의 사상의식은 직접적으로는 생산관계에 의해서 규정된다는 것이다.

생산관계가 실질적으로 사람들의 사상의식을 규정하고 사람들의 행동을 제약하는 토대로 된다. 여기서 **사회적 존재가 사회적 의식을 규정한다는 명제는** 생산력이 생산관계를 규정하며 생산관계가 토대로 되어서 정치적, 법률적, 사상적인 상부구조가 그 위에 선다는 이론으로 발전되었다. 생산력의 발전에 생산관계가 적응하고, 생산관계를 토대로 해서 그 외에 정치, 법률적인 사상문화적인 상부구조가 그 위에 선다. 상부구조라고 하는 것은 생산관계를 토대로 해서 그 위에 서게 되는 정치적인, 법률적인, 이데올로기적인(사상적인) 종교, 교육 그리고 시설들이다.

예를 들어 정부는 정치적 상부구조이다. 정치적 상부구조라고 할 때는 정치관계와 이를 실현하기 위한 시설물이 있는데 정부(청사)는 시설물에 속한다. 재판소는 법률적인 상부구조로 법률관계를 처리하기 위해 만들어 놓은 시설물이다. 교회는 종교라는 이데올로기의 시설물이다. 관계와 시설물을 합해서 상부구조라고 한다.

그런데 여기서 끝나는 것이 아니라 맑스는 상부구조가 토대를 반영해서 나왔는데 이것이 토대에 반작용한다. 토대를 옹호하고 반대로는 반작용을 한다.

6. 유물사관의 공식: 생산력의 규정인 생산관계(상부구조)가 반작용을

그럼 여기서 유물사관 공식을 알 수 있게 된다. '유물사관의 공식'은 생산력의 발전에 생산관계가 상응하고 생산관계의 변화발전에 상부구조가 상응하는데 상부구조는 동시에 토대 즉 생산관계에 반작용한다. 이것이 **유물사관의 공식**이다.

이것을 우리가 처음에 연구할 때 세상에 이보다 더 논리 정연한 것이 어디 있는가 하고 생각했다. 생산력이 발달함에 따라 생산관계가 달라진다. 이는 또 생산력의 내용과 생산관계의 형식과 같다. 아이가 커지면 아이가 입는 옷이 커진다. 그것과 마찬가지로 생산력이 발전하면 생산관계가 달라진다. 생산관계가 사람의 먹고 살 때에 대한 문제를 관할하는 관계인데 여기 생산력에 따라서 정치관계, 법률관계, 문화관계가 다 달라진다. 생산관계가 달라지면 정치관계, 법률관계, 정신문화적인 관계로 학교제도, 과학제도가 다 달라진다. 병원은 문화관계에 속한다. 병원의 시설물 등은 생산관계의 기초에서 나오는 것이다.

그러므로 사회가 어떻게 변하는가? 생산력의 변화로부터 변화가 시작된다. 생산력이 발전함에 따라서 생산관계가 변한다. 생산관계가 변하게 되면 정치관계가 변하게 되고 법률관계가 변화되고, 정신문화적인 관계가 변화된다. 그러나 동시에 이런 상부구조가 정권은 자기의 경제적 지위를 옹호하고 법률도 옹호하고 생산관계에서 무엇이 일어나면 법에 호소한다. 법에서 재판해주고 재판을 집행하게 하는 것은 정권의 힘으로 강제한다. 군대나 경찰은 정치적 산물이다.

이것이 맑스주의의 유물사관이다. 그런데 당시에는 우리가 감탄했는데 시간이 지나면서 의문이 나오게 된다. 이제는 여기서 벗어나야 되겠다는 생각이 든다.

7. 생산관계의 2측면: 생산의 목적과 이해관계

우선 생산력과 생산관계는 상호관계인데 생산력이 내용이고 생산관계가 형식이다. 그렇게 볼 수 있겠는가?

생산관계가 두 가지 측면을 가진다. ①하나는 생산력을 이용해서 자연을 개조해서 물건을 만드는 사업이고, 그 때 맺어지는 관계, 생산력을 이용해서 물질적 재부를 만들어내는 것이 생산인데, 그 때 협력관계, 분업, 협업, 서로 힘을 교환하는 것이 다 생산을 하기 위해서 맺어지는 인간과 인간의 관계, 이것이 생산관계의 한 측면이다.

②또 다른 측면은 생산물, 생산한 재부를 나누고 교환하고 소유하고, 이

는 생산하는 것이 아니라 생산물을 누가 소유하는가, 누구한테 더 많이 주는가, 누가 소비하는가, 생산물을 어떻게 교환해서 소비하는가 이런 문제, 즉 ①생산하기 위한 관계와 “②생산물을 어떻게 처리하겠는가 하는 두 가지 측면이 있다.

이렇게 얘기하는 사람은 아무도 없다. 당시 소련에서도 맞지 않을 것을 두고 그저 맹목적으로만 말했다. 그래서 두 가지 측면을 설명하게 된다. 하나는 생산할 때의 관계이고, 다른 하나는 생산력이 발전하게 되면 서로 협력하는 관계가 달라진다. 생산물이라고 하는 것이 이것은 내 것이다 하면 이것은 생산자에게 영향을 주는 것이 아니다. 자본가들이 자신의 재산을 가진 다음 그것을 좀 더 나누어 주게 되면 생산이 더 잘 되겠는데 관계가 없는 것으로 취급한다. 러시아인에게 왜 이렇게 큰 영토를 가지고 있느냐 하면서 나누자고 하면 자기 것이라며 응하지 않는다.

그렇기 때문에 생산력은 자연과의 관계에서 우리가 어떻게 하면 자연을 개조해서 더 많은 재부를 만들겠는가 하는 것이 목적이지만 이쪽에서는 이해관계로 본다. 생산물에는 두 가지 측면이 있다. 자연과의 관계와 인간과의 이해관계이다. 그래서 "생산관계가 생산력의 형식이다" 이렇게 보는 것은 옳지 않다

8. 양자역학(quantum dynamics): 인과율(因果律)과 선택의 자유

그리고 좀 더 힘든 문제로 생산력의 발전에 생산관계가 적응한다는 이런 사고방식은 무엇인가? 이는 자연과학적 사고방식이다. 필연적으로 적응한다는 자연과학의 법칙은 그러하다. 일정한 원인이 있게 되면 반드시 거기에 상응하는 결과가 있는 법이다. 이것이 인과율(因果律)이다. 원인이 있으면 반드시 결과가 있다. 원인과 결과는 일치한다. 자연과학에서는 맞아떨어진다.

자연과학에서는 왜 그러한가? 자연에는 정신이 없고 자유가 없기 때문이다. 그러나 이것도 전혀 없는 것이 아니다. 모든 물질은 자기를 보전하려는 성질을 가지고 있다. 아주 미약하지만 가지고 있다. 자꾸 발전하게 되면 이

를 예견하지 않으면 안 되게 되어 있다. 지금의 자연과학자들은 그 모순을 못 풀고 있다. 그래서 **불확정의 원리** 등을 말하고 있다.

확률적으로 밖에 설명할 수 없다하여 **확률론**이 나오고, 자연현상을 완전히 수학적으로만 연구하는 것이 양자역학이다. 이것을 수학적으로만 한다. 대부분 수학적으로 설명하지만 이것은 더 깊이 들어가면 수학적으로도 설명이 되지 않는다. 왜 운동을 하는가? 어째서 물질은 다 운동하는가? 이것은 수학적으로 설명 못한다. 운동량이 어떻게 관리되는가 하는 것은 수학적으로 가능하다.

그래서 인간과 자연의 차이가 무엇이냐 하면 인간에게는 정신이 있고 (선택의) 자유가 있다. 자연에는 선택의 자유가 거의 없다. 원인만 있으면 그대로 결과가 나오게 되어 있다. 이것은 필연인가 자유인가의 문제와도 관련이 있다. 자연과학은 자연의 필연법칙에 의해서 어떻게 될 것이라는 것이 예견할 수 있고 또 동물도 단순하기 때문에 대체로 동물의 활동을 예측할 수 있다. 그러나 인간은 자유가 있기 때문에 힘들다.

맑스는 일생동안 또한 무엇을 생각하게 되었는가 하면 수학이나 물리학과 같이 논리학의 법칙으로 된 사회과학을 만들자고 한 것이다. 그래서 생산력의 발전에 생산관계가 적응하고 그 위에는 정치가 적응하는 것으로 사고했다. 인간에게는 자유가 있기 때문에 그렇게 해서는 안 된다는 것을 몰랐다.

예를 들어 도둑질을 잘 하는 사람이 나이들어 도둑질하는 방법을 아들에게 배워주기 위해 부잣집 창고의 쇠를 열고 궤짝에 들어갔다. 그러자 아버지가 도둑이야 하며 큰 소리치고 나가버렸다. 아낙네와 장정이 몰려오자 쥐소리를 내어 궤짝문을 열어주자 동시에 아녀자를 밀고 도망쳤다. 장정이 따라오니 우물에 바위를 빠뜨려 주위를 혼란시키고 담을 넘어 집에 오니 아버지는 잠을 자고 있었다. 아버지의 교훈은 끝까지 머리를 써서 노력하여 목적을 완수해내야 한다는 것을 가르쳐 주자는 것이었다. 만약에 거기서 아무런 대책도 세우지 않았으면 죽은 것이다. 그러나 사람이 위기를 벗어나기 위해서 노력을 할 때는 모면할 뿐만 아니라 오히려 화(禍)를 복(福)으로 전환할 수도 있다. 교훈적이다.

9. 자연과학과 사회과학의: 자유는 필연을 자각하는 것

인간에게는 딱 조건에게만 복종하지 않고, 그 조건을 이용해서 벗어나서 생명을 더 잘 보전할 수 있는 능동성, 주동성이 있다. 그렇기 때문에 자연과학의 법칙과 사회과학의 법칙은 다르다. 경제학에는 수학을 경제학에 적용한 수리경제학이 있다. 처음에는 흥미를 가질 수 있으나 지금도 수리경제학자가 있지만 큰 역할을 하지 못한다. 논리학도 수리논리학이 있지만 논리적으로 얘기할 때 수학으로 풀어서 하겠는가? 말로 가지고 하는 것을 두고 조금 기다려라 하고 수학공식을 원용하겠는가?

인간이 창조적 능력이 발전하면 할수록 인간의 자유는 더 커진다. 법칙을 더 이용할 수 있다. 필연적인 법칙을 알아서 더 이용할 수 있다. 그 전에는 벼락을 대단히 무서워했다. 미국의 프랭클린이 연으로 벼락의 전기작용을 시험을 했는데 다른 사람은 감전으로 다 죽었다. 지금은 오히려 전기의 원리를 알아 이용하게 되었다. 전기시대에 전기를 떠나서 무엇을 할 수 있겠는가? 실험을 거쳐서 이제는 화근이었던 전기를 복으로 전환시킨 것이다.

지금은 지진으로 고통을 받고 있지만 이것도 우리가 발전하게 되면 이용할 수 있다. 또 태풍의 힘도 이용할 수 있다. 사하라사막은 계속 가도 끝없는 사막이다. 비행기를 계속 타고가도 사막이다. 한참 가다보면 오아시스라는 것이 있다. 거기에는 물이 있고 채소도 나오고 있고 대추나무도 있다. 우리가 그것을 원자력 발전소를 이용해 대서양과 지중해를 연결시킬 수도 있지만 앞으로는 자연발생적으로 나오는 태풍도 이용할 수 있다. 사하라사막의 밑에는 60만 평방Km에 달하는 호수가 있다. 그 물을 빼서 쓰게 되면 무너지기 때문에 빼쓸 수도 없다.

이제 우리의 창조적 능력이 발전하게 되면 지구를 완전히 마음대로 관리할 수 있다. 유물사관을 잊어도 좋지만 이것을 잊어서는 안 된다. 우리 인간에게는 인간의 창조적 능력이 발전하면 발전할수록 자유가 더 커진다. 자유가 없을 때는 자신의 창조적 능력을 높이기 위한 노력을 더하는 것이 빠른 길이다.

마음대로 안 될 때는 자꾸 공부하는 것이 빠른 길이다. 자기 팔자라고 하면서 팔자타령만 할 것이 아니라 그것에서 벗어나기 위해서 창조력을 키우기 위한 공부를 해야 한다. 공부를 할 뿐만 아니라 용감하게 싸울 줄도 알아야 한다.

헤겔은 "**자유는 필연을 자각한 것**"이라고 했다. 맑스는 **자유란 필연의 자각**이다. 필연의 필연적 법칙을 알게 되면 필연에서 벗어날 수 있다. 전기에 관한 법칙을 알게 되면 전기에 감전되지 않을 수 있다.

10. 자유와 필연: 인과응보(인과불락)과 인과불매

도둑놈 얘기를 만들어낸 것이 불교의 선종(禪宗)이다. 또 이런 얘기도 있다.

달마(다르마)화상의 제자인 혜가(惠可)가 있었는데 아주 유명한 스님인데 그는 인과율(因果律)에 관해 말했다. 모든 불교에서는 이를 그전에 이렇게 되었기 때문에 이렇게 떨어졌다는 것으로 인과관계로서 업(業)이라고 했다. 하루는 강의가 끝났는데도 어느 젊은이가 강의실에 남아 있어서 그 연유를 물으니 제자가 이런 질문을 했다. "저는 전생에서도 인과에는 반드시 보답이 있다는 인과응보에 관한 법칙을 들었는데, 어떻게 된 셈인지 인과를 알게 되면 인과에 떨어지지 않아야 하는데 어떻게 된 영문인지 여우로 태어났습니다"

그래서 달마대사는 인과를 알면 인과에 떨어지지 않는다는 말은 "인과불락(因果不落)이 아니라 인과불매(因果不昧)이다"라고 했다. "인과를 알면 애매하지 않고 떨어지지 않는다. 그래서 안다고 해서 자만하면 떨어진다. 수영 잘 한다고 자만하면 물에 빠져 죽고, 나무잽이 잘 한다고 해서 자만하면 나무에서 떨어져서 죽는다. 너는 강의를 들었지만 그걸 믿고서 무조건 알기만 하면 된다고 생각한 것이 잘못이다"라고 설명했다.

11. 인간중심정치철학: 인간발전의 3대 생명력

인간중심 정치철학의 설명은 다르다. 이것은 유물사관보다 더 중요하다.

인간의 생명력에는 ①정신적 생명력 ②물질적 생명력 ③사회협조적 생명력의 3가지가 있다. 그런데 우리가 인과법칙을 알았다고 하는 것은 정신적 생명력에 속한다. 그러나 정신적 생명력만으로 완전히 자유롭지 못하다. 노예가 착취당하고 있다는 것을 알기만 해도 안 된다. 거기서 벗어나기 위해서는 물질적 힘이 필요하다. 또 노예가 단결해서 싸우기 위한 사회 협조적 힘도 필요하다.

그렇기 때문에 헤겔이나 맑스가 "자유란 필연의 자각이다"라고 한 것은 한 가지 측면만 보았다. 그래서 생산력의 발전에 생산관계가 필연적으로 적응한다는 것이 어느 정도 의의가 있는가? 이제 인간에는 3가지 힘이 있다고 하였는데 생산력은 무엇에 속하는가? 물질적 힘에 속한다. 거기에 우리의 사상적, 정신적 힘이 들어가야 되고 정치발전의 사회적 협조의 힘이 들어가게 될 때 비로소 거기에 상응한 사회적 관계가 형성된다.

지금 좌파의 경우 맑스주의를 제대로 모른다. 공산주의 지도자들도 주체사상강의를 15분도 못한다. 오늘의 선군사상이란 것도 폭력주의 이외에 아무 것도 아니다. 이것을 숭배하는 사람이 있다. 숭배받기는 쉬운 것 같다.

그러므로 자연과학과 같은 사회과학을 만들자고 하면 안 된다. 여기서 우리는 인간의 본질적 특징을 알고서 이를 잣대로 해서 다른 것을 재야지 이를 그저 물질적인 한 가지 잣대로 재서는 안 된다.

그래서 유물사관(공식)이라 하면 상식에 속하는 것으로 생산력의 발전이 생산관계가 조응하고, 생산관계를 토대로 해서 그 위에 정치적, 법률적, 사상적인 상부구조가 상응하게 된다. 그 상부구조(정치와 법률)가 경제에다 **반작용**을 한다. 이 정도는 알아두어야 한다. 다음에 좀 더 상세하게 어느 점이 잘못된 것인지 얘기하도록 하자. 이 문제는 이 정도로 끝내고자 한다.

12. 다빈치의 모나리자, 칸트: 집단의 생명이 주는 명령이 양심이다

지금 현재 자본주의사회가 경제는 발전했는데 정치와 사상은 뒤떨어져 있다. 균형이 맞지 않다. 여기에 큰 원리를 공부할 필요가 있다. 참고로 논문을 쓰는데도 원리적인 설명이 있어야 한다. 민주주의 정치의 기본기능을 통해 본 한국정치의 극복방안을 위해서는 인간중심철학과 관련시켜 우리의 주관으로 종합하여야 한다. 이런 이론을 손질을 해서 참고로 했으면 좋겠다.

예술·문학작품을 두고도 모나리자가 목적을 두고 호기심만 가지고 되겠는가하고 물었다. 위대한 진리를 알기 위해서는 위대한 동기가 있어야 한다는 것이다. 이러한 원리로 설명이 되어야 한다. 그래서 모나리자가 다빈치에 반기를 든 것이다.

그러면 **위대하다는 것**은 무엇인가? 자기 개인의 욕망이나 생명보다 더 귀중한 존재일 때 위대하다는 말을 쓸 수가 있다. 우리가 잘못을 범한 때 자살을 한다. 사실은 자살하지 않아도 될 사람도 자꾸 자살한다. 그런데 양심의 가책을 받아서 자살할 때 양심이란 무엇인가?

양심이란 넌 살 자격이 없다. 이렇게 엄중한 과오를 범했는데 네가 그냥 살 수가 있는가? 오늘의 공산주의 지도자는 양심이 전혀 없다. 양심의 가책을 안 받는다. 칸트까지도 철학도 수학도 많이 했지만 양심을 몰랐다. 창공에 저렇게 별이 많은 것을 볼 때하고, 사람에게는 양심이 있다고 생각할 때 스스로 옷깃을 여미지 않을 수 없다고 했다. 그렇게 위대한 것이 있다는 것을 생각하지 않을 수 없다고 한 것이다.

별이 왜 많은가 하는 것을 몰랐다. 물론 지금도 별이 어떻게 해서 저렇게 많이 되었는가 하는 것을 완전히 다 해명한 것은 아니다. 그렇지만 핵의 융합으로 빛을 내고 있다는 것은 해명이 되었다.

양심이 무엇인가 하는 것도 다 해명이 되었는데 그것이 무엇인가? 개인의 생명보다 귀중한 것이 **집단의 생명**이다. 우리의 좌우명으로 개인의 생명보다는 가족의 생명이 귀중하고 가족의 생명보다는 민족의 생명이, 한민족의 생명보다는 인류의 생명이 더 귀중하다. 그런데 핵무기가 나왔을 때 공산주의자들 간에 논쟁이 많이 벌어졌다. 우리 민족이 죽고서 공산주의해서는 무엇을 하겠는가? 민족을 희생시켜서 하는 공산주의는 반대다. **카스트로**만이 전 인류를 위해서 쿠바사람이 희생되어야 한다면 우리는 희생되겠다고 했다. 이것은 쉽지 않은 것이다.

그렇기 때문에 **양심**이라고 하는 것은 우리 전체의 이익을 위해서 무엇이

제일 귀중한가 하는 것을 물을 때는 개인의 생명보다는 더 귀중한 것이 집단의 생명이다. 집단생명을 집단의 이해관계로 생각할 때, 국가와 인류의 이해관계, 민족의 이해관계를 생각할 때 그 앞에서 죄를 범했을 때는 양심의 가책을 받아 살 자격이 없어진다. **이때의 양심의 명령은 집단의 명령이다. 집단의 생명이 주는 명령이다.**

그렇다면 **모나리자의 위대한 목표**는 개인의 취미나 호기심이 아니라 인류의 발전 번영과 행복을 위해서 과학연구사업을 해서 이바지해야겠다는 목적을 세워야 한다는 말로서 해석할 수 밖에 없지 않은가? 이것이 원리적인 해석이다.

13. 헤겔의 한계: 고리끼의 로이꼬(집단을 위해)와 라다(개인의 이익만)

고리끼의 마카르츄드라에서 로이꼬와 라다의 사랑관계도 자기한테만 노래를 부르고 사랑하고 다른 사람은 안 된다고 하니 인간의 생명은 두 가지로 개인적인 존재인 동시에 집단적인 존재인데 자기 개인의 이익으로만 복종하라고 하니, 로이꼬는 자신의 집단을 위해서 노래를 부르고 사랑해야 되겠는데 오직 라다만을 위해서 노래하라고 하니 이는 집단으로서의 생명을 부정하는 것이다. 또 집단의 생명만 주장하고 개인의 생명을 부정하는 것도 옳지가 않다. 그렇지 않으면 머저리거나 잘못된 사람이다.

자기를 위해서 사는 동시에 집단을 위해서 산다고 해야 한다. 그저 주관적으로서 이렇다 저렇다 해가지고서는 안되고 이렇게 원리적인 설명을 해야 하는데, 이렇게 인간을 중심으로 하는 철학이 필요한데 지금까지는 그런 철학이 없었다. 쓸데 없이 헤겔과 같이 인간도 자연도 없는데 절대정신이 있었다는 말을 하게 된다. 머리가 좋다 보니 복잡하게만 만든 것이다. 지금의 생활에 맞는가?

14. 인간은 개인적 존재이자 집단적 존재: 없는 부처를 믿는 것보다 인간을

목적이 뚜렷해야 한다. 우리는 일생을 물론 자기의 행복을 위해서 살지만은 동시에 그것이 집단(국가와 민족, 인류)의 번영을 위해서 헌신해야 한다.

미얀마의 불교를 믿는 교수는 영원히 변하지 않는 절대적인 존재가 될 수 있다는 희망을 가져야지 아무 것도 없다면 허전하지 않은가 한다. 그래서 없는 부처를 믿는 것보다는 현실적으로 있는 사람이나 짐승이 죽게 되면 다 흙덩어리로 변하는데 왜 개인으로만 보는가? 개인이 죽는다고 해서 개인의 일생을 인류의 발전과 일치시키는 방향에 살면 허전하지 않다. 이것을 하나로 만들자고 하면 안 된다. 잘 사는 사람을 보장해서도 안 된다. 인간의 본성이 개인주의적인 본성과 집단주의적인 본성이 있는데, 그래서 개인주의도 집단주의를 부정해서는 안 되고 또 집단주의도 개인주의를 부정해서는 안 된다.

이기주의가 나쁠 뿐만 아니라 이타주의도 나쁘다. 남은 위해서 산다는 것도 옳지 않다. 자기를 위해서만 산다는 것도 잘못되었다. 우리의 청년들이 우리의 일생을 어떻게 살아나가야 할 것인가를 목적을 세워주어야 하겠는데 **사상교육**을 안 하고 있다.

그런가 하면 옛날 책에서 무슨 진리가 있는가 하고 뒤적거리고 있다. 그러지 말라고 하면 성을 내며 찾아오지도 않는다. 헤겔철학을 전공하는 사람에게 말해도 깨닫기는커녕 찾아오지도 않는다. 유물사관은 지나간 것이고 이것을 통해서 우리가 교훈을 찾는다거나 자연과학적인 사고를 사회과학에 다 적용하려고 해서는 안 된다. 이것을 기초로 해서 계급투쟁을 얘기했다.

13. 의지의 단련: 비상한 노력으로 위인이 될 수도

생산력과 생산관계는 사람이 아니라 조건이다. 그 사회의 모순이 있게 되면 그것이 계급의 모순으로서 의식된다. 그래서 계급에 반영된 의식 때문에 서로 싸우게 된다. 이것이 **계급투쟁이론**이다. 여기에 어디에 인간의 주동성이 있는가? 자꾸 객관적인 조건이 사람을 규정하는 것으로 생각만 했다. **속이 상하고 자기 희생이 실현 안 될 때는 자꾸 노력해서 수준을 높여가야 한다.** 자신의 창조적 능력을 높여야 한다. 그렇기 위해서는 남하고 단결하고 협조하고 거기에다 물질적 수단도 가져야 한다. 너무 가난하면 공부할 수가 없다. 등록금도 내야 하고 그렇기 때문에 너무 가난한 사람도 너무 잘 사는 사람도 공부를 못한다. 그래서 빳빳하게 사는 사람이 경쟁력도 있고 해서 공부도 열심히 한다.

그런데 우리 한국은 너무 부자가 되어 부러운 것이 없게 되었다. 큰 목표를 두게 되면 사람들이 이용하게 된다. 머리는 좋고 나쁘고 별로 차이가 없다. 자기 머리를 써보지도 않고 머리 타령만 한다. **비상한 노력**도 해보지도 않고 자기 머리가 나쁘다고 무엇으로 그렇게 말하는가? **자각해서 공부하게 되면 달라진다. 공부만 할 뿐 아니라 의지단련사업도 하고 이제라도 늦지 않았다. 각오를 가지고 하게 되면 정말 위인도 될 수 있다.**

여기서 우리는 교훈을 찾고 일생을 어떻게 살아나갈 것인가 하는 방향을 정하도록 해야 한다. 지식으로서의 철학은 철학전문가에게 맡기고 우리는 옳은 **인생관**을 세우고, 옳은 **세계관**을 세우고서 어떻게 자기 일생을 자기 특성에 맞게 살아나갈 것인가 하는 것을 규명하기 위해 철학을 하는 것이다. 논의할 문제가 많은데 신심(信心)을 가지고 공부를 하도록 하자. 인간은 개인적 존재이자 집단적 존재이다. 인간의 본성은 두 가지다. 개인주의적 본성과 집단주의적 본성이다. 우리의 민주주의적 관계를 발전시키기 위해서는 개인주의적 장점과 집단주의적 장점을 결합시켜야 한다. 이런 것이 다 **원리**이다. 이런 원리에 기초해서 결론 등을 짓도록 하자. 물론 생각을 해야 한다.

14. 맑스주의의 자랑: 유물론에 변증법을, 사회역사를 유물사관으로 설명을

맑스주의자들이 자랑한 것이 무엇인가?

첫째는 자기 유물론이 과거의 유물론과 무엇이 다른가? **유물론을 변증법과 결부시킨 것이다.**

둘째는 과거의 유물론은 자연계를 설명할 때는 유물론이었지만, 사회역사적인 과정을 설명할 때는 관념론이었다. 그러나 **사회역사적 과정을 설명하는 데서도 유물론적 입장을 관철시켰다.** 그것이 유물사관이다. 거기에 기초가 되는 것은 물질생활이 정신생활을 규정한다는 것이다.

예를 들어서 생산관계는 물질적 관계이고 정치관계는 정신적인 관계로 보았다. 생산관계는 생산하기 위해서 필연적으로 맺어지는 관계이기 때문에 정치관계는 사상이 먼저 나오고 사상을 집행하기 위해서 맺어진 관계이다. 그렇기 때문에 이는 2차적인 관계이고 정신적인(이데올로기적인) 관계이다. 그래서 상부구조에 속한다.

이런 방법으로 유물론적인 원칙을 관철시켰다. 그러므로 아직도 물질적인 객관적인 것과 주관적인 것의 차이를 잘 몰랐다. 인간에게 있어서는 이것이 뚜렷하다. 정신이 없거나 생명이 없는 사람은 인간이 아니다. 생명과 정신은 양적으로 잴 수 없다. 객관적으로 잴 수 없다. 그것이 없이는 운동을 할 수가 없다. 운동을 통해서 객관적인 측면과 주관적인 측면이 다 나타난다.

그런데 운동을 기본으로 하는 데서 자연과학에서는 객관적인 측면만 수학으로 해결한다. 가장 단순한 운동, 소립자 물리학이든가 가장 단순한 운동과 천체에서는 인력(引力)과 척력(斥力) 밖에는 작용 안한다. 이런 데는 거의 수학이 100% 적용된다.

15. 데카르트: 프랑스의 유물론을 대표하며 관념론자

그러나 벌써 자주성이 있고 자유가 있는 영역에 가게 되면 생물학도 적용이 잘 안 된다. 인간에서는 적용이 더 잘 안 된다. 그러므로 유물사관은 인간생활이 동물에 가까운 과거로 올라갈수록 잘 맞는다. 그때는 먹기 위해서 살았으니까, 지금은 살기 위해서 먹는다. 그래서 목적이 달라진다. 사람이 자꾸 발전할수록 맑스의 유물론은 잘 맞지 않고, 과거로 올라갈수록 더 잘 맞는다.

데카르트는 자연과학자로 레오나르도 다빈치와는 대비도 안 될 정도로 발전한 사람이다. 프랑스의 유물론을 대표한 사람이다. 데카르트의 사상은 유럽을 풍미했다. 해석기하학을 창시한 사람이다. 철학자로서 자연과학을 그렇게 한 사람은 라이프니츠(수학자) 수준이다.

그러나 역사적으로 들어가면 관념론이다. 그래서 "나는 생각한다. 그러므로 나는 존재한다" 식으로 생각했다. 내가 무엇인지, 의식이 무엇인지를 몰랐다. 나의 자각을 두고 진정 있는지 의심하면 의심할수록 내가 생각한다는 것이 뚜렷해지기 때문에 나는 존재한다는 것으로 사유하였던 것이다. **맑스는 그것을 '반영'이라고 했다. 반영이 아니라 발전된 존재의 주동성과 능동성의 표현인데 이를 맑스는 몰랐던 것이다.**

제7장

인간론적 세계관으로 평화통일을: 유물론과 관념론의 지양으로

Ⅰ. 사상(논리학)의 시초: 세상을 변화·발전시킬 수 있다는 혁명론의 등장으로

민족의 평화통일을 위해 북한의 세계관을 이루고 있는 ① 유물론 ② 변증법 ③ 계급투쟁과 독재 ④ 경제이론을 순서로 공산주의 사상을 요해해볼 필요가 있다. 지식으로서 얻으려고만 하지 말고 얘기의 본질이 무엇인가 하는 것을 잘 파악하는 것이 필요하다. 유물론과 유심론의 극복으로 바람직한 통일의 세계관의 정립이 가능하다고 보기 때문이다.

이것들은 모두 새로운 이론이다. 다른 책에는 쓰 있지도 않고 있을 수가 없다(현강(玄江, 황장엽)선생의 '유물론'강의에서(2010. 11. 20)). 공산주의 비판을 제대로 하고 있는가? 맑스주의를 제대로 아는 사람이 몇 사람인가? 『자본론』을 읽어보고서 감탄하고서 머리를 숙이고 만다. 그렇기 때문에 제대로 공부하여야 한다. 책에 쓰 있는 것하고 여기서 설명하는 것이 같지 않다.

여기서 유물론과 관념론에 대해 맑스주의자들의 견해를 먼저 살펴보도록 하자. 다음에 우리의 입장을 말해보도록 하자. 옛날부터 유물론이다 관념론이다 이렇게 말한 것은 없다. 이런 말을 쓰게 된 것은 18C에 와서 쓰기 시작했다. 그러나 실질적으로 보게 되면 오래전부터 유물론인가 관념론인가가 제기된 것만은 사실이다. 또 이를 철학의 기본문제로 보았다.

그래서 맑스주의자들은 유물론과 관념론의 문제를 해결했기 때문에 철학이 끝났다고 했다. **유물론과 관념론, 변증법과 형이상학**의 문제가 해결되었기 때문에 철학에서 할 것이 없다. 남은 것은 변증법과 논리학밖에 없다고 엥겔스가 얘기했다. 세계는 물질 밖에는 존재하지 않는다. "정신은 물질의 반영이다"라고 말하는 것이 유물론자의 주장이다. 인간 밖에서 인간의 운명을 좌지우지하는 그런 신비로운 존재가 있는가 없는가가 먼저 문제가 되었다.

사람은 다른데 관심이 있는 것이 아니라 자기의 운명에 대해 관심이 있다. 내가 앞으로 어떻게 되겠는가? 다급하니까 자기운명을 두고 점치고 사주팔자를 보는 것이 아닌가? 내 운명이 어떻게 되겠는가? 정말 절대적 신비로운 존재가 있어서 내 운명을 뒤에서 다 이렇게 좌우해주는 그런 존재가 있는가? 아니면 그것이 현실적인 조건에 의해서 사람의 노력에 의해서 규정되는가? 이런 문제가 중요하다.

세상에 신과 같은 존재가 있겠는가? 아니 그런 존재가 없다. 세상에 있는 것은 물질과 인간 밖에 없다. 존재하는 것은 다 물질이다. 이런 식으로 사고하는 것이 유물론이다. 한편 하나님(天道)이라고 할 때는 사람에 관계없이 작용하는 도리로만 생각했다. 형이상학이나 관념론이 처음에 나올 때는 자기(사람)의 운명과 관련이 있어서 나왔는데 그것이 왜 나왔는지 잘 알지를 못하고 논의를 해왔다.

또 변증법과 형이상학이 나오는 것도 우리 운명은 타고 나는가? 아니면 변경시킬 수 있는가? 하는 운명론과 혁명론에서 유래하는 논리학이다. 팔자라고 보고 억지로 고칠 수 없다고 생각하면 숙명론이다. 숙명론과 혁명론을 두고 혁명이라는 말은 중국에서 나왔다. 원래 혁명이라는 것은 황제가 됨에 있어서 한울의 명에 의해서 황제노릇을 한다고 주장해 왔다. 사람들을 속이기 위한 것이다. 그런데 기원전 8세기 정도, 중국에서 여왕의 시대에 너무 왕이 못되게 구니까 왕을 내쫓고서 귀족공화정치를 상당히 오랫동안 했다. 그 때가 최초의 혁명이다. 나쁜 짓을 하면 한울의 명령이 달라질 수 있다는 것이다.

중국 사람들이 한울을 말했지만 구체적인 한울님의 지위에까지는 생각 안 했다. 종교적인 생각은 이스라엘 사람들이 유대교로 시작하여 기본이 되어 만든 것이 기독교 사상이다. 이스라엘인들은 이 분야에서는 아주 발전된 사람이다. 우리가 어릴 때만 해도 정월대보름 날이면 달(님)에 절하고 열심히 빌고, 산에 가면 산신령이 있고, 바다에 가면 용왕이 있고, 뱀한테 물려도 우수한 무엇을 가지고 있는 줄 아는 물신숭배로 해서 물건에도 무슨 신비한 힘이 있는 것을 생각했다. 그런데 점차 그것이 발전하면서 산에 가서는 더

바랄 것이 없이 산신령한테만 고사를 드리면 아무 일없이 무탈하다는 생각에 이르면서 자유가 더 늘어나게 된다. 바다에 가서도 물고기를 아무리 잡아도 여왕한테만 고사를 드리면 된다며, 사람의 행동에 자유가 그만큼 높아지게 되었다.

그 다음에는 달이다 햇님이다, 그 다음에는 유일한 하나님이다. 이렇게 하나님만 믿기 시작하면서 다른 귀신은 아무렇게나 해도 괜찮다. 따라서 사람의 자유가 상당히 불어났다. 일신교를 만들었다는 것은 그만큼 이스라엘 사람들이 사람의 자유로운 활동을 보장하는 사상수준이 높다는 것을 말하는 것이다. 오늘에 와서 볼 때는 물론 과학적이진 않지만 사람의 활동의 자유를 넓혀준다는데 있어서는 **일신교(一神敎)를 먼저 창시한 것은 아주 발전된 것이다**. 하나님이라고 할 때는 사람에 관계없이 작용하는 것이 그런 도리로 생각했다. 그런데 중국 사람들은 공자가 살았을 때 이전의 왕조에서는 옥황상제 등 귀신을 존중히 여겼는데, 그 다음 왕조부터는(3500-4000년 전) 혈연적 관계를 중시하여 조상들을 섬기는 방향으로 나아갔다.

그런데 처음에 형이상학이나 관념론이 나올 때는 자기(사람)의 운명과 관련이 있어서 나왔는데 그것이 왜 나왔는지 잘 알지를 못하고 논의를 해왔다. 그래서 사람들이 외부에 대한 지식이 자꾸 넓혀지면서 세계는 물질밖에 없다고 생각하는 사람들은 따라서 신비로운 물질이 있을 수 없다고 생각했다. 그들이 유물론을 주장하면서 신비로운 존재가 있다는 유신론을 반대했다. 그 다음에 사람이 팔자를 어떻게 타고 나왔는가? 사람들이 노력을 할 탓이다. 이렇게 생각하는 사람들이 점차 불어나서 이들은 사람의 운명을 타고나는 것이 아니라 사람자신의 노력에 의해서 변경시킬 수 있다. 혁명도 할 수 있다며 숙명론을 반대하는 사상이 나오게 되었다. 이것이 세상을 변화·발전시킬 수 있다는 **사상(논리학)의 시초**이다.

그런데 처음에 사람들은 자기는 잘 아는 것으로 생각했다. 그렇기 때문에 자꾸 우리는 세계가 무엇으로 되어 있는가를 생각했다. 우리를 둘러싸고 있는 세계의 본질이 무엇인가? 그런데 자기가 무엇인가에 대해서는 생각하지 않았다. 서서히 그 다음에 자기 자신의 특색이 무엇인가를 생각하게 되었다. 여기서 이제 인간의 정신과 육체에 대해 생각하게 되었다. 정신이 없게 되면 사람의 구실을 못하는 것은 뻔하다. 대화 시에 정신없는 사람은 사람이 아니다. 정신이란 무엇인가? 그것을 잘 몰랐다.

생명의 중심은 어디에 있는가? 머리에 있다. 머리에서 다 지시를 한다. 뇌수라고 하는 것은 인간에서 차지하는 비중이 모든 동물에 비해서 월등히 앞서 있다. 인간은 뇌수의 무게가 인간 육체의 1/47밖에 안 되지만, 인간과 가깝게 발전된 동물인 침팬지는 1/130이다. 사자는 1/700이다. 그래서 뇌수의 발전 정도가 유기체 발전정도를 표시하는 기본기준이 된다. 인간의 1/47밖에 안 되는 뇌수가 혈액의 1/4을 소모한다.

어떤 사람은 이를 알고 많이 먹으라고 하지만 이는 칼로리로 혈액은 아니다. 뚱뚱해지게 되면 보장하기가 더 힘들어진다. 육체노동을 하는 데는 칼로리가 많이 필요하지만 정신노동을 하는 데는 혈액이 필요하다. 산소의 1/4을 뇌수가 처리한다. 거기에 비하면 정부가 뇌수역할을 한다고 하지만 인간의 뇌수가 사용하는 데 비하게 되면 얼마 되지 않는다. 이래서 인간의 정신이 육체를 관리하는 모든 생명활동을 관리하는 역할을 하게 되었다.

사실은 심장이 뛰는 것도 일일이 뛰라고 지시를 받을 필요가 없다. 그러나 심장도 나빠져서 호흡이 곤란해지면 호소한다. 아프다는 것이 그 상처부위가 아니라 머리에서 아파한다. 한방일을 하는 사람들이 발 뒤꿈치에 침을 몇 대 놓고 난 뒤에는 아무리 짤라도 괜찮다. 아픈 줄을 모른다. 이것은 맥(脈)을 보고하는 신경체계를 끊어놓는 것이다. 그래서 이빨 아픈 데가 있으면 영원히 이빨 아프지 않게 고쳐준다고 한다. 머리에 다 집중되고 머리에서 관리한다. **신경체계가 어느 정도 발전하게 되면 정신이 생기는데**, 그것을 모르다 보니 정신이 처음부터 그 육체와는 달리 있어 오히려 육체를 일어나라 하면 일어나고, 가자하면 가고 육체를 지배하는 것으로 생각되었다.

Ⅱ. 인식, 지각, 감각, 표상, 언어

그래서 정신인가 육체인가, 물질인가 정신인가 하는 이런 문제를 가지고 생각하게 되었다. 관념론자는 정신이 오히려 독립적으로 육체와 떨어져서 돌아다니다가 온다고 생각했다. 그런데 통속적인 얘기지만 꿈이라고 하는 것은, 완전히 수면을 하는 사람은 꿈을 꾸지 않는데, 숙면이 안 된 상태에서 다른 신경세포들은 잠을 자는데 몇 개가 잠자지 않고 있는 것이 있다. 그런데다가 내·외부 자극이 들어가게 되면 이 놈이 다르게 자의적으로 연결시킨다. 엉뚱한 것을 연결시켜 정신작용을 한다. 그놈의 잘못된 연계가 연쇄반응을 불러일으키게 해서 자꾸 오랫동안 꿈을 꾸게 한다. 그러다가 육체를 움직일만할 때는 육체가 반발한다. 그래서 정상적인 세포연계관계가 회복되면 꿈이 없어진다. 이것이 꿈이라는 것이다. 이것과 비슷한 상태가 최면술이다. 최면술이란 원래 정신의 작용이 한 곳에 자꾸 자극을 주게 되면 다른 부분은 정지상태로 들어간다. 이것이나 정신통일은 다 비슷한 원리이다.

우리가 왜 이런 얘기를 하는가 하면 이를 신비화하지 말라는 것이다. 신비롭게 생각할 아무 것도 없다는 것이다. 정신은 어떻게 해서 발생하는 것인가? 동물들도 외부세계에 관한 것들을 인식한다. **인식**을 하는데 **감각적인 인식**을 한다. **지각**이란 이것을 가방이다 하는 것인데 **감각**은 아프다, 따갑다, 차다 식으로 하는 것이다. **표상**이란 기억을 하는 것이다. 지각만 하면 보고 있는 동안은 보이지만 눈을 감으면 안 보인다. 표상은 눈을 감아도 머리에 등록이 되기 때문에 기억할 수 있다. **기억을 할 때부터는 표상이다**.

동물들도 기억을 할 수 있다. 그러나 생활의 욕망이 너무 단순하기 때문에 기억을 조금밖에 못한다. 자기의 욕망과 관계없는 것은 기억을 하려고 하지 않는다. 매는 사람보다도 8배나 멀리 볼 수 있다. 그러나 기억하는 것은 몇 가지 안 된다. 자기 먹이 감인 토끼, 꿩 이런 것들은 기억해두지만 다른 것은 아무런 관심이 없다. 민족주의(애국주의)사상이 없는 사람들이 민족주의에 관한 얘기를 아무리 해도 관심이 없는 것처럼 관심이 없는 것이다. 그렇기 때문에 **기억은 하지만 기억의 양이 대단히 작다**.

그 다음에 동물들은 자연이 제공해주는 조건을 직접 그대로 이용한다. 그것을 개조해서 이용하자는 생각을 못한다. 개조하려면 내부연계를 알아야 한다. 인간은 아무리 둔해도 25개 정도는 연결시킬 수 있다. 그리고 **좀 훈**

련을 하게 되면 무제한으로 한다. 또 그것만으로 자꾸 연결시키는 연습을 하게 되면 **무당같이 또 장님들이 맥보고** 뭐 알았다고 하는 것으로 발전한다. 그런데 사람은 연결시키는 훈련을 하다보니까 그 다음에는 구체적인 사물이 없이 지식을 가지고 자꾸 연결시켜서 보통 감각적으로 파악할 수 없는 그런 것까지 다 연결시켜서 생각을 한다.

다 개념적 추리를 통해서 인식할 수 있다. 자기 지식을 가지고 조립하고 연결시켜 집도 지어보고 설계도도 만들어보고 이렇게 해서 객관화한다. **그것이 언어고 문자이고 이론이다. 추상적으로 사유화할 수 있는 것을 객관화해 놓은 것이다**. 우리는 사고한 것을 객관화해서도 표현한다. 이것이 인간만이 가지고 있는 사상이고 정신이다. 이것이 객관화할 수 있는 가능성을 가진 정신이다. 그런데 이것을 신비화해서 물질을 떠나서 정신이 있는 것처럼 생각하는 것이 **관념론이**다. 이렇게 얘기해도 귀신을 믿는 사람은 또 믿는다. 이것 때문에 정신이 독립적으로 존재하는가, 정신이 더 큰 작용을 하는가 하고 계속 싸워왔다.

좀 더 힘든 문제로 들어가 보자. 여기에 관념론과 유물론이 동양철학에서도 마찬가지다. 오랫동안 이(理)가 먼저냐 기(氣)가 먼저냐 하며 논의가 거듭되어 왔다. 그런데 우리가 어떻게 해명을 했는가? 정신이 어떻게 발생했는가? 정신을 그전에 유물론자들은 물질의 반영이라고 했다. 그런데 아무리 생각해도 반영같지는 않다. 우리가 무엇을 먹고 싶다고 하는 것이 무슨 반영인가? 우리 육체가 요구하는 욕망이지 그것이 어떻게 반영인가?

Ⅲ. 인간중심정치철학: 유물론과 관념론, 변증법과 형이상학의 지양으로

인간이 자기의 욕망을 조절하는 역할을 하고 자기 힘을 조절하는 역할을 한다. 인간이 더욱 적극적으로 능동적으로 행동할 수 있는 것을 보장한다. 이것을 생각하게 되었다. 그래서 맑스주의자들은 왜 사람이 운동하는가? 모든 물질이 운동하는 것은 사실인데 왜 모든 물질이 운동하는가? 그것은 묻지 말라고 했다. 왜 물질이 존재하는가 하고 묻는 것과 마찬가지라는 것이다.

그런데 인간에 있어서는 그렇지 않다. 인간을 기준으로 해서 보게 되면 다 운동하는데 목적이 있다. 그 목적은 자기생명을 유지하자는 것이다. 자기생명체를 보존하자는 것이 목적이다. 동물도 마찬가지다. 수준이 낮을 뿐이지 자기 생존을 보호하기 위해서 행동을 하는 것이다. 이렇게 해서 추리를 해서 결론을 내린 것이 모든 사물은 자기보존성을 가진다고 주장하게 되었다. 인간이 가장 발전된 존재로서 자기를 보존하자는 능력이 가장 발전되어 있다. 여기서 차이가 없는 것은 있을 수가 없다. 공통적인 것이 전혀 없는 것이 있을 수도 없다. **차이성이 불연속성으로 동질성이 연속성으로 관련된다.** 인간이 가장 연속적이며 동질성으로 자기보존능력이 강하다.

그런데 여기서 생명체는 어디서 나왔는가? 처음부터 생명체가 나온 것이 아니다. 지구가 약 45억 년 전에 만들어졌는데 처음에는 가스가 합쳐져서 돌다가 만들어졌다. 그 때는 생명체가 있을 수도 없었다. 단순한 물질밖에 없었다. 그것이 이럭저럭 결합되면서 생명체로 생명을 가질 수 있는 정도로 결합되게 되면 자꾸 능동성이 강화된다. **물질은 많은 요소가 결합될수록 자기를 보존하는 능동성이 강화된다. 주동성과 능동성이 강화된다.**

그래서 지금 우리의 유기체를 구성하고 있는 기본물질이 무엇인가? 단백질이다. 단백질, 핵산, 효소 이런 몇 가지들이 우리 육체(생명체)를 구성하고 있는 구성요소이다. 생 분자라고도 한다. 이것은 많은 것이 결합되어있다. 인간의 분자량을 두고 세포가 60조 내지 100조가 된다. 결합이 계속되어 인간의 육체가 되었다. 뇌수만 해도 140억개이다. 140억개는 우주의 발생연한이 140억년이 되어 기억하기가 좋다. 요즈음에는 나사가 137억년이라고도 발표했다.

그런데 인간은 이것만 결합시킨 것이 아니다. 이것만 가지고는 동물과 크게 다를 것이 없로 참가시킨다. 인간이 사회적 존재라면 산 인간도 들어가 있지만 노동수단으로서 기계기술의 재부도 다 들어가 있다. 협조하는 관계도 끝이 없다. **동물은 본능적으로만 협조하지만 인간은** 다. 인간은 사회적 존재가 돼서 자기가 만든 창조력을 체현시킨 물질적 재부를 협조하는 요소 **목적의식적으로 해서 자꾸 사회적 관계를 개조하면서 확대된다**. 협조의 범위가 인간적인 것에서도 넓어진다. 원시사회에서는 사람들의 수는 100명을 넘지 못했다. 베이징사람들이라고 하는 것도 50억년 전 사람인데 한 집단이 30명밖에 되지 않는다.

그러나 노예사회로 들어오면서 자꾸 침략을 하다보니 강제적이라도 아무튼 1000만~2000만으로 결합시켰다. 오늘에 와서 큰 나라들은 몇 억씩이나 결합되었다. 중국은 13억이다. 그러**유물론과 관념론, 변증법과 형이상학으**로 잘만 관리하게 되면 별난 천재가 다 나올 수 있다. 결합에서 이런 새로운 능동성, 주동성이 나온다. 여기에는 하나의 철학적인 원리가 들어 있다.

모든 존재는 연속적인 동시에 불연속적이다. 세상에 완전히 같은 것은 있을 수가 없다. 완전히 차이만 있고 공통성이 없는 것도 있을 수 없다. 그러면 동일성과 차이성은 무엇과 관계되어 있는가? 연속되는 것은 동일성에 의해서 연속되고 분열되어 있는 것은 차이성에 의해서 분열되어 있다. **사물은 분열되어서 개별적으로 불연속적으로 존재할 수도 있고 결합되어 연속적으로 존재할 수 있다.**

여기서 발전된 존재일수록 연속적인 동일성으로 자기를 보존하는 능력이 크다. 발전이 덜 된 존재일수록 약하다는 논리를 말하지만, 그러나 수준이 다를 뿐이지 모든 사물이 운동하는 것처럼 운동의 원인도 공통성을 가져야 한다고 생각했다. 그래서 모든 사물은 다 자기를 보존하자는 연속적인 동일성의 성질을 가진다는 것을 **인간중심정치철학에서 처음으로 제기하였다.** 따라서 자기를 보존하자는 성질이 모든 사물이 운동하는 것처럼 운동의 원인으로 다 보편적으로 가진다. 운동하는 데서도 정도의 차이가 있을 뿐이지 공통성을 가진다고 여기게 되었다.

자기보존성이 계속 발전해서 자기를 보존하려는 능력이 주동적이며, 능동적인 능력이 자꾸 발전되어서 사물과의 관계에서 다른 사물을 끌어당겨서 그것을 자기 것으로 만들어서 조직화한다는 것이 동화작용이다. 누에가 뽕잎을 먹고서 동화작용으로 크나가듯이, 그리고 자기조직을 파괴하면서 움직이는 것이 이화작용이다. 동화작용을 하게 되면 동화작용을 할 수 있을 정도로 물질의 주동성과 능동성이 발전하게 되고, 그것이 더 발전해서 자기를 복제해서 후대를 번식시킬 수 있는 유전을 할 수 있게 될 때 생명체가 나온다.

그 다음에 이 생명체가 결합되어 발전해가는 과정에 생명활동을 주동성, 능동성으로 나아가기 위해서 노력을 한다. 사람이 사물을 반영해서 그것을 상대방에도 어떻게 해서라도 표현해서 수백만년 동안 안타깝게 노력하는 가운데 소리도 질러보고 해서 만들어 낸 것이 언어이다. **언어를 통해서 객관화시킨 것이다**. 이렇게 해서 문자로도 만들고, 언어를 기초로 해서 설계도를 만들어 기계도 만들 수 있게 되었다.

그런데 유물론자들은 이런 자기를 보존하자는 성질이 물질적 존재에 있다고 하는 것을 부인했다. 이 말만 하면 큰일 날 것같이 하며 관념론이라고 하였다. 이렇게 해서 유물론도 일면적이고, 관념론도 일면적이다. 관념론은 자기보존성이 발전해서 나온 정신을 육체를 떠나서 객관적으로 존재하는 것처럼 생각했다. 유물론은 인간의 능동성을 물질의 반영이라고 보았다. 두 가지 다 잘못 보았다.

그런 의미에서 **인간중심정치철학**에서는 완전한 유물론도 아니고 완전한 관념론도 아니다. 모든 사물이 모두 주관적인 성질과 객관적인 성질을 가지고 있다. 객관적인 성질은 양적으로 잴 수가 있다. 자기보존성의 주관적인 성질은 양적으로 잴 수가 없다. 도량형으로 생명, 정신을 측정할 수가 없다. 그러나 육체같은 것은 객관적인 것으로 다 양적으로 잴 수 있다. 근본적인 차이가 주관적인 것과 객관적인 것의 차이이다. 주관적인 것이 자꾸 발전한 것이 정신이고 객관적인 것은 무한히 결합되어 비행기, 군함으로도 될 수 있다.

그래서 우리가 처음으로서 유물론과 관념론을 두 가지가 다 일반적인 과오를 범하고 있다는 결론을 내리고서 이들의 지양(止揚)으로 모든 사물은 사람을 중심으로 해서 보아야 한다. 인간이 가장 발전된 존재이기 때문에 사람 중심으로 보아야 한다는 결론에 이르게 되었다.

발전된 인간이 발생되기 이전의 세계는 자연 하나밖에 없었다. 그러나 인간이 발생한 이후에서 지구에서는 벌써 인간이 주인노릇을 하고 있다. 지금 지구가 발생하여 만들어진 모든 동식물의 90% 이상은 멸종되었다. 앞으로는 인간이 봐주지 않으면 멸종하게 되어 있다. 그러나 인간만은 그렇지 않다. 인간은 자연에서 나왔지만 자연의 예속에서 벗어나서 발전하는 과정에 자연의 예속에서 벗어나서 자기의 힘으로 자기의 운명을 개척해나갈 수 있는 존재가 되었다.

그렇기 때문에 우리는 **인간을 중심으로 해서 세계관을 보아야 한다**. 인간은 자기만 발전시키는 것이 아니라 세계를 발전시켜나가고 있다. 따라서 이제 우리는 유물론과 관념론의 일면성을 극복하여 정치철학적 기초를 확립한 **인간중심의 세계관(인간관, 인간론)**으로하여 한민족공동체 건설을 위한 평화통일을 기어코 이루어내야 할 것이다.

제8장

유물론과 종교: '인간중심'으로 종교개혁을

Ⅰ. 정신의 세계가 하늘에 있는 것이 아니라 집단세계에 있다

玄江(황장엽)선생은 한국에 와서 천도교를 처음 방문하고 水雲(최제우)의 교정일치(敎政一致)의 천도교가 종교로 신비화·교조화된 것을 보고 실망을 금치 못했다. 그는 회고록에서 동학의 창시자 수운을 이렇게 회고하였다.

"조선 말기에 제국주의의 열강들의 침공으로 망국의 검은 구름이 드리우고 있을 때였다. 수운 최제우선생은 16세의 어린 나이에도 불구하고 나라와 인민의 운명을 구원할 수 있는 새로운 진리를 자체의 힘으로 찾을 것을 결심했다. 그때까지 공부하고 있던 서적 등을 다 불태워 버리고 고삼참담(苦心慘憺)하던 끝에, 마침내 '인간이 곧 하늘(人乃天)'이라는 인간중심의 세계관을 발견하였다. 인내천사상에 기초하여 독창적인 인본주의 사상과 만민평등주의 사상을 천명하였던 것이다. 선생은 자신이 창조한 자주적인 민주주의 사상을 지침으로 산 결사적인 구국투쟁에 한평생을 바쳤다."

이런 의미에서 오늘은 인간중심정치철학의 종교관에 대해서 살펴보도록 하자. 맑스의 유물론적 반영론과 유심론의 생명론을 비교하면서 종교개혁을 설명해보도록 하자. 반영론은 정신을 생명과 결부시키지 않고 객관적인 반영으로 본다. 인간의 뇌수를 통해서 반작용한 것으로 본 것이다. 자기의 존재를 보존하자는 것은 생명의 요구이다. 아인슈타인은 아예 **반영론은** 관념론의 종교 이데올로기의 일환으로 상대도 하지 않았다. 뉴턴은 일반적인 상식으로서 종교를 믿었지 하나님을 물론 믿지 않았다. 종교가 인류의 발전에 큰 긍정적인 역할을 한 것만은 인정했다. **생명이 가장 발전되고 고급한 기능이 정신기능이다.** 생명이 없어지면 정신이 없어진다.

그러나 개인은 영생하려고 한다. 그런데 영혼이 없어지지 않으면 좋겠는데 그러나 사람이 죽지 않는 것은 불가능하다. 이는 인간만이 아니라 모든 존재가 그렇게 되어 있다. 모든 존재가 개별적인 존재인 동시에 집단적인 존재이다. 개체는 유한하지만 집단은 무한하다. 우리의 **영혼(정신)은** 개인의 생명이 없어짐과 함께 모체로서의 집단은 남는다. 개인은 죽어도 집단이 죽지 않은 것은 **집단이 모체**라는 것을 말하는 것이다. 인간은 개인적 존재인 동시에 집단적 존재의 구성부분이다. 물직적 존재의 구성이 그렇게 되어있다. 그래서 개인은 없어져도 집단을 통해 영생할 수 있다.

민족은 집단인데 개인의 생명보다는 가족의 생명이, 가족의 생명보다는 민족의 생명이 귀중하다. 국가라고 하는 것은 한 민족으로도 될 수 있고 다민족으로도 될 수 있다. 그러므로 우리나라의 경우는 한 민족이므로 국가와 일치한다. 그러나 민족이라고 할 때는 이는 자기 민족을 사랑한다고 하는 의미에서 볼 때는 좋지만 다른 민족을 배척한다는 민족(배타)주의는 좋지 않다. 어느 한 개 민족의 규정성보다는 전 민족들의 생명이 더 귀중하다. 그러므로 **민족주의**가 자기 민족만을 생각해서는 안 된다.

애국주의는 집단을 사랑하는 사상이다. 개인주의사상이 발전하다보니 집단을 사랑하는 사상이 약화된다. 가족을 사랑하는 힘이 약화된다. 부부간의 사랑이 얼마나 중요하고 부모에 대한 사랑이 얼마나 중요한 것에 대해 잊어버리게 된다. **집단**에 대한 충성으로 **민족**에 대한 충성, **국가**에 대한 충성이 중요하다. 대통령이 국가가 아니다. 대통령은 국가의 이익을 대표하는 지휘관이다. 그러나 대통령이 국가의 이익을 관리할 때 그만큼 그 지위를 존중해주어야 한다. 그러나 대통령에 대한 충성이란 말이 되지 않는다.

집단에 대한 충성은 집단이 우리의 생명의 뿌리이기 때문이다. 개인적으로 볼 때 우리의 뿌리는 부모이다. 그러므로 효성은 필요하다. 더 큰 집단에 대한 존경과 사랑이 **충성**이다. 그래서 충·효라는 도덕은 지금도 필요하다. 그것은 봉건사회에서 유래하였다고 하여 없어지는 것이 아니다. **애국심은 근본적인 도덕의 하나이다.** 애국심, 국가에 대한 충성심을 부인하는 개인주의자들은 문제이다. 그래서 교육을 해야 되고 선전도 해야 한다. **애국심의 도덕적 기초**를 개인적 존재로서 생명뿐만 아니라 집단적 존재로서의 생명을 가지고 있고, 개인의 생명의 뿌리가 집단이라는 인식에 기초하고 있다는 것을 강조하여야한다. 민족과 인류의 집단은 계속 존재하고 발전하고 있다는 것이다. **정신의 세계가 하늘에 있는 것이 아니라 집단세계에 있다.**

이렇게 집단의 **생명**이 살아있으면 집단의 **정신**도 계속 살아 있다. 이것으로 만족해야지 하는 수가 없다. 그러므로 집단의 정신의 한 부분으로서 살아가는 것을 생각해야지 그 이상 요구해서는 안 된다. 그 이상을 요구할 바에는 개인이 영생해야 하는데 그것은 안 된다. 그래서 종교문제가 대두되게 된다.

Ⅱ. 인간의 발전 수준은: 정신적 생명력 강화를 위한 자유의 발전 수준

우리의 실생활에 있어서 우리의 생활력 가운데에 제일 중요한 것이 정신력 생명력이다. 인간의 생명력에 크게 3가지가 있다. ① 정신적 생명력 ② 물질적 생명력 ③ 협조적 생명력이다. 이 세 가지가 다 필요하다. 이들이 다 합해져서 사람의 생명력으로 된다. 그 가운데서도 가장 중요한 것이 **정신적 생명력**이다. 물질적 생명력, 협조적 생명력은 정신과 결합되지 않고서는 안 된다.

인간의 최종적 생애의 목적은 무엇이겠는가? **인간의 최종적 이상은 한울님이 되는 것이다.** 인간이 모든 것의 주인으로 되고, 모든 자유를 완전히 누리게 되는 것이다. 그래서 하나님(신)을 믿고 최고의 이상으로 생각하는 것이다. 그런 의미에서 볼 때는 **자유**라는 것이 인간의 생명에서 지향하는 목적이다. 그런데 육체적 단계의 욕망은 자유롭게 생활하는 것이 아니라 **낮은 단계의 욕망**이다. 동물적인 욕망에 그치는 것이다. 발전하는 욕망을 실현해나가는 것이 **인간적인 욕망**이다.

이런 점에서 **인간의 발전의 수준**은 **인간의 자유의 발전 수준**이라고 볼 수 있다. 자유주의자들은 이런 자유를 요구하는 것이 아니라 손쉽게 만족시킬 수 있는 의식주문제의 자유만 생각한다. 인간이 세계에서 차지하는 자유를 향유하기 위해서 영원히 하나님이 될 수는 없지만 영원히 접근해가야 한다. 하나님은 발전을 못한다. 완벽하기 때문이다. 인간이 무한히 발전할 수 있다. 그런 점에서 **이상은 존재할 수 없지만 가까워질 수는 있다.** 인간이 발전한다고 하는 것은 자유로운 지위가 자꾸 발전한다고 하는 것은 **그만큼 창조적 힘이 강화된다는 것을 말한다. 창조적 힘이 있는 것만큼 인간의 자유가 발전된다.**

여기서 제일 중요한 것은 정신적인 힘(생명력)이다. 그렇기 때문에 개인이든 집단이든 빨리 발전하기 위해서는 정신적 생명력의 강화를 앞세워야 한다. 그런데 맑스주의는 물질적 힘을 강조했다. 물질적 힘이 정신적 힘의 지위에 따라 움직이는 것인데 반대로 해석했다. 맑스주의의 창시자의 한 사람인 엥겔스도 큰 공장을 하나 세우는 것이 대학 10개를 세우는 것보다 낫다고 했다. 대학을 세워 정신적 힘을 발전시키면 물질적 힘인 공장은 얼마든지 세울 수 있는데 그렇게 생각하지 않았다. 그러므로 무엇이든지 물질적 힘을 먼저 키워야 한다고 생각했다.

Ⅲ. 천도교 월간지의 이름이 <신인간>이다

종교는 이스라엘에서 제일 발전했다. 인간의 사고의 자유를 확대해준 **일신교**를 이스라엘이 제일 먼저 발전시켰기 때문이다. 정신보다 종교가 먼저 나왔다. 사람이 답답하니까 앞으로 어떻게 될 줄을 모르니 점을 쳤다. 점치면 맞는가 안 맞는가 둘 중에 하나는 맞게 된다. 점의 결과를 두고 그렇게 하자고하여 신심(信心)을 가지고 행동하게 된다. **신심을** 가진 만큼 용기가 나게 되고 행동에 도움이 된다. 그러므로 **점**치는 일이 종교를 믿게 되면서 더욱 신념이 강화되어지게 된다. **종교**가 인간의 행동발달에서 대단한 역할을 하게 된다. 그런 식으로 해서 **종교의 수준을 자꾸 높여서 일신교에 가깝게 갈수록 사람들의 자유가 늘어나게 된다.**

이제는 이런 종교수준은 달라져야 하기 때문에 **절대적인 존재, 하나님**을 믿어도 좋은데, 인간을 위한 하나님이라는 것을 분명히 하는 종교가 나와야 한다. 그래서 종교개혁 이전에는 하늘에 가서 사는 것을 생각해왔는데, 종교개혁으로 하나님 앞에서 모든 사람은 평등하다는 **자본주의적 개인주의의 인본주의 종교가** 되었다.

이제는 한 단계 더 높여서, 하나님의 의도가 **하나님이 기존의 개체(개인)**

적 인간에 집체(공동체)적 의미의 인간을 더한 새로운 '신인간'을 위해서도 존재하는 것이라는 것을 증명하는 의미에서 **'인간중심종교'**를 다시 만들어야 한다는 것이다. 현강선생의 기대처럼 수운의 동학·천도교가 인내천(人乃天) 이념으로 교정쌍전(敎政雙全)의 인간중심종교로 다시 태어났으면 좋겠다. 21세기적 종교개혁이 일어나야 한다는 것이다. 천도교 기관지인 월간지의 이름이 <신인간>이다.

제3부

변증법의 이해

제9장

변증법이란 무엇인가?: 결합과 협조로 발전과 통일을 추구하고

Ⅰ. 형이상학(형식논리학): 연역법과 귀납법

변증법이란 원래는 대화법으로 나온 것이다. 변증법이라는 말 자체가 대화이다. 창시자는 소크라테스이다. 소크라테스는 성현의 한 사람으로 취급되는데 아테네종합대학에 가게 되면 4층 벽면 전체 하나가 소크라테스의 초상화이다. 그 아래층에는 한 벽에 두 사람의 사진이 있는데 이쪽은 플라톤, 저쪽은 아리스토텔레스이다. 소크라테스는 한 등급 위이다. 소크라테스에는 3개의 풍자(irony)가 있다.

첫째는 아주 순박하고 정직한 사람인데 대단히 논법에서는 교활한 점이 있다. 먼저 상대방이 얘기하게 되면 옳다, 자꾸 얘기해라, 그래 놓고서는 네가 말한 대로 하면 이런 모순이 나타난다. 이래서 자기가 말한 것을 뒤집어엎지 않을 수 없게 만든다. 직접 비판하는 것이 아니라 승인해서 자꾸 전개하고선 그러면 네가 이렇게 하였는데 이것을 보게 되면 모순이 있지 않은가 하고 자신의 결론을 부인하지 않을 수 없다고 하는 것이 소크라테스의 대화를 통한 변증법이다.

또 하나의 풍자는 외양은 그렇게 못생겼는데 왜 그렇게 정신이 아름다운가하는 것이다.

셋째는 부인이 괴짜이다. 밤낮 소크라테스가 밖에 나가 토론만 하고 돌아다니니까 성이 나서 그러하겠지만 부인이 자꾸 시비를 건다. 또 토론하러 밖으로 나가니까 부인이 물을 쫙 뿌렸다. 그래서 소크라테스는 자꾸 부인이 남편을 공격을 해대니 얻어맞고 나가면서도 "자꾸 우뢰질을 하더니 비가 오는 모양이다" 라고 했다.

이상을 소크라테스의 3가지 아이러니라고 한다.

서로 대화를 해서 거기서 **모순이 나는 것을 발견해서 진리를 찾는 방법**, 이것을 **변증법**이라고 했는데, 실제로 변증법을 체계화한 사람은 헤겔이다.

헤겔은 관념론자이다. 자연도 없고 사람도 없는 그런 상태에서 절대정신만 있었다. 이 절대정신이 처음에는 아주 내용이 빈약했는데 아무 내용이 없는 것으로부터 모든 것을 다 아는 그런 풍부한 정신으로서 발전했다. 어떻게 발전했는가? **(절대)정신이 발전해나가는 논리**를 변증법이라고 말했다. 이렇게 해놓고서 정신은 사람이 사고하는 것인데 자기정신밖에 아는 것이 없는데, 사람도 없는 시기에 절대정신이 사고했다는 것을 어떻게 아는가? 사실은 자기가 사고한 것을 참고로 해서 그렇게 생각한 것이다.

그것이 정·반·합(正·反·合)이라고 하는 것이다. 이제 正적인, 즉 정적인 입장에서 뭘 있다고 생각한다면 이것이 자기 반대물을 생산해낸다. **정신이 있기 때문에 자유가 있다.** 자기가 다른 것을, 타자를 만들어낸다. 그 다음에 자기와 반대되는 타자를 포섭해서 자기 것을 만들었다. 그렇게 되면 자기와 자기의 반대물이 합해져서 풍부한 존재로 발전한다. 그 풍부한 존재로 발전한 것이 아직도 저급한 발전에서 반대물을 또 내보낸다. 그래서 또 포섭한다. 그래서 또 합해진다. 그러므로 반대물을 내보내고 반대물과 또 합해지고 자꾸 이것을 반복하는 과정에 모든 것을 다 포섭하는 **절대적 진리로** 발전하게 된다.

그런데 어째서 자기가 반대물을 내보내는 것이 논리인가? **아리스토텔레스가 만들어놓은 논리학**은 그렇지 않다. 대전제가 있고 소전제가 있고 결론이 나온다. 이런 식의 논법이 **연역적인 논법**이다. 이러한 하나의 논리학을 독자적으로 완성시켰다. 지금의 논리학과 큰 차이가 있다. **형식논리학(형이상학)**이라고 한다. 13세기에 영국철학의 시조라고 할 수 있는 **베이컨**이 아리스토텔레스는 자기의 논리학을 '기관(organon)'이라고 했다며 베이컨은 『신기관』이라는 책을 썼다. 여기서는 **귀납법**이다. 대전제가 있고 소전제가 있고 거기로부터 결론을 내리는 기존의 논법에 대해, 베이콘은 구체적인 사물로부터 일반적인 결론을 내렸다.

뿔가진 짐승은 한번 먹은 것을 되새김하여 다시 씹는다. 소는 풀을 자꾸 뜯어 먹는데 밤새껏 다시 씹는다. 말은 이빨이 좋고 해서 풀을 뜯어 먹을 때 잘 씹어먹는데, 소는 빨리 먹어서 배가 뚱뚱하게 보이는데 누워서 다시 되뱉어 다시 씹는다. 말똥은 잘 씹어 먹었는데 거칠다. 소똥은 되새김질을 하여 깨끗하다. 중앙아시아 쪽으로 가면 사막에서 빵 구울 때는 소똥으로 한다. 소똥은 불이 잘 붙고 은은하게 화력이 있어 여기에 빵을 굽는다. 소는 뿔난 짐승이다. 한번 먹으면 다시 반추한다. 다시 씹는다. 양도 뿔난 짐승이다. 한번 먹은 것을 다시 반추한다. 사슴도 뿔난 짐승이다. 이렇게 자꾸 열거하다 보면 뿔이 있는 짐승은 모두 한번 먹은 것을 다시 반추한다. 이것이 **귀납적인 방법**이다.

형식논리학(형이상학)이라고 하는 것은 두 가지 논법이다. ①하나는 연역적인 논법과, ②다른 하나는 귀납적인 논법이다. 이 형식논리학은 어떤 논리학인가하면 귀납인 경우건 연역인 경우건 현재 있는 상태를 그냥 두면서 사물의 특징을 설명하는 논리학이다. 그런데 여기서 논리라는 것이 무엇인가? **세계가 착잡하게 모든 것이 얽혀 있는 것이 아니라 특정한 질서를 가지고 존재한다.** 인력(引力)관계로 하여 무질서하게 되어 있는 것이 아니다. 떨어져 있는 것이 아니라 일정한 질서를 가지고 존재하고 있다. 결합된 데는 결합된 대로 질서가 있고, 떨어져 있을 때는 떨어진 대로 질서가 있다. 그런데 역사적인 것, 현실적인 것은 너무나 복잡하다. 옳지만 논리적으로는 요약을 하지 못한 것이 된다.

그런데서 근본적으로는 역사적인 현실적인 질서에는 맞으면서도, 그 요약한 것이 우리가 말하는 **21C 논리**다. 좀 더 논리적으로 말하라고 할 때는 논리가 맞을 뿐만 아니라 본질적인 것을 추리해서 요약해서 얘기하게 될 때 논리적이다. **논리는** 원래는 **객관세계의 운동질서**인데 객관세계에 맞게끔 의식의 순서가 그렇게 되어야 한다는 말이다. 쉽게 말하면 앞뒤가 맞게 되어야 한다는 말이다. 운동의 앞에 있는 것을 뒤에다 서면 논리에 맞지 않는다.

그런데 여기서 이제 아리스토텔레스가 얘기한 것은 이것은 책이다, 가방이다며 그냥 그 상태로 있는 것을 말한다. 동일성을 그냥 유지하는 상태에서 인식하는 순서가 무엇인가 하는 것을 밝힌 것이다. 그런데 책이, 가방이 계속 그대로 존재하는가? 얼마 지나가게 되면 다 풍화되고 만다. 그렇지 않으면 화석으로 된다. 변한다. 운동한다는 것은 변화한다는 말이다. 운동하는 것만큼 변화한다. 그렇기 때문에 운동하게 되면 거기서 변화가 일어난다. 정지상태에서 사물을 보는데, 운동상태에서 사물을 보는 것은 다르다. 정지상태에서는 같은 것은 계속 같다. 동일한 것은 언제나 같고 차이가 있는 것은 언제나 차이가 있다. 그러나 운동상태에서는 달라진다. 지금까지 살고 있던 것이 죽었다. 죽은 사람과 산 사람은 다르다. 변화된다.

II. 발전에 관한 논리가 변증법: 연속성과 불연속성의 통일로

아리스토텔레스의 논리학은 정지상태에서 사물들을 비교한다. 대전제, 소전제 다 정지상태에서 일어난 일이다. 그래서 그 원리가 동일성에 관한 원리는 A는 A다, A는 B가 아니다. 이런 식으로 해서 A가 동시에 B라고 하면 안 된다. 여기서 **변증법**을 발전에 관한 논리라면 **형식논리학(형이상학)의 논리**는 정지상태에서의 논리이다.

정지상태, **운동상태**와 달리 **발전상태**가 또 다르다. 발전도 하나의 변화인데 변화는 발전하기 위해서는 현재 상태를 부정하지 않으면 발전이 안 된다. **발전**이란 새로운 요소가 협력을 해야 발전이 있다. 계속 그 자리에 있게 되면 발전이 없다. 그러자면 현재상태의 틀을 가지고서 협조할 수 있는 대상을 더 끌어들여야 한다. 현재 있는 상태를 보존하고 협력할 수 있는 대상을 끌어들여서 협조했을 때 발전이 있는 것이다. 더 좋은 상태로 올라가는 것이 **발전**이다. 결합과 분리, 발전으로 지금 우리가 놓여있는 상태를 부정하지 않고서는 다른 것을 가져올 수 없다. **발전의 논리란** 그렇기 때문에 있는 상태를 보존하고, 자기가 발전에 필요한 것을 끌어내서 소화시키고, 협조하는 단계를 거쳐서 보다 더 힘있는 존재로 올라간다.

논리에는 정지상태에서 보는 것(논리), 운동상태에서 보는 논리, 발전상태에서 보는 논리, 3가지 논리가 있다. 변증법이란 발전상태의 논리이다. 발전이 어떻게 해서 일어나는가 하는 논리가 **변증법 논리**다. 그러므로 변증법이라는 것을 이해하려면 우선 사물이 정지상태에서 있을 수 있고, 운동상태에서 있을 수 있고, 발전상태에서 있을 수 있는 3가지가 있다는 것을 알아야 한다. 정지상태가 없는 것은 있을 수가 없다. 운동만 하고 정지 안하는 것도 있을 수 없다. 운동과 정지는 뗄 수 없는 관계에서 다 모든 사물은 운동을 한다. **운동한다는 말은 변화한다는 말이다.** 동시에 모든 사물은 정지한다. 정지하지 않고 운동만 하는 것도 없다. 우리가 볼 때는 기차가 달린다. 기차는 운동만 하고 있다. 그러나 정지요인을 내포하고서 달리는 것이다. 정지하고 있다고 하여 전혀 운동하지 않고 있나 하면 그렇지 않다.

우리가 원을 그린다. 원을 자꾸 확대하면 직선이 된다. 그러므로 원이 확대되어나가는 데서도 변화해나가는 최소한도의 변화하는 율이 무엇인가 하는 것을 계산하는 것이 **미분**이다. 조금씩 변화해나가는 것이 너무 조금씩 변화해나가기 때문에 우리가 모른다. 우리의 감각상태로는 포착하지 못할 뿐이다. 원인이 있어 변화해 나가는데 변화해나가는 최소 단위가 무엇인가를 찾아내는 것이 **미분**이다. 이것은 정지상태와 운동상태가 동시에 존재하고 있고, 동일성과 차이성이 언제나 동시에 존재하고 있다는 것을 말한다.

세상에 완전히 같은 것은 하나도 없다고 하는 말은 무슨 말인가? 같은 것 같이 보이지만 차이성도 있다는 말이 된다. 세상에는 완전히 다른 것도 하나도 없다고 하는 것은 다른 것 같이 보이지만 공통성이 또 있다는 것을 말한다. 보통 살아가는 데는 그런 것을 생각하지 않는다. **철학에서만 생각한다. 그러나 그것이 필요하다. 사물의 성질은 연속적인 동시에 불연속적이다. 동일성인 동시에 차이성이다. 정지상태인 동시에 운동상태이다.** 옛날 철학자는 이 관계를 모르다보니 운동하는 것이 반드시 일정한 점을 통과했을 것이다. 그 때만 정지가 아닌가? 정지를 아무리 모았다 해도 운동이 될 수 있는가? 정지는 아무리 모아도 정지이지 왜 운동이 되겠는가? 그래서 그 유명한 **비시부동설(飛矢不同說)**이다. 활을 쏘아 날아가는 것 같지만 사실은 날아가는 것이 아니라 정지상태이다. 잘 못 봤으니까 철학을 이렇게 하게 되면 야단이다.

한 시간에 100km를 달리는 자동차하고 한 시간에 50km를 달리는 자동차가 있다고 하면, 후자가 전자보다 100km 앞에 있다고 하면 따라잡는데 얼마 걸리겠는가? 산술의 문제로 차이가 50km인데 2시간이면 따라잡는다. 그런데 앞의 방식으로 계산하면 영원히 따라가지 못한다. 절반을 따라가고서야 따라간다면 절반이란 끝이 없다. 이것이 다 **연속성과 불연속성의 통일이라는 논리**를 모르기 때문에 이렇게 생각하게 되었다. 다시 말해 정지상태, 운동상태, 발전상태의 3가지 가운데 **발전에 관한 논리가 변증법**이다.

발전은 어떻게 일어나는가? **결합해서 협력을 할 때 발전이** 일어난다. 그런데 협력하려고 하지 않는다. 왜 안 그런가? 협력하려고도 하지만 협력 안 하려고도 한다. 개체는 자기 개체의 특성을 보존하려고 한다. 아무리 친한 사람도 가까이 가면 좋아하지 않는다. 여러분도 너무 가까이 가지 말라. 가까이 가게 되면 다 싫어한다.

자기자체의 독자성을 보존하려는 성격이 있다. 그러나 고립되어 살지 못하기 때문에 결합되어 산다. 이 두 가지 성격이 모든 존재에 다 있다. 그래서 결합하자는 성격하고 자기의 개체를 보전하자는 성격이 있는데, 하나는 **척력(斥力)**이고, 또 하나는 **인력(引力)**이다. 척력의 작용 때문에 친하게 되지 않는다. 결혼하고 싶은 대상이 자기 마음에 들지 않으면 결혼이 안 된다. 결혼을 꼭 해야 되겠는데 말을 안 듣게 되면 말 안 듣는 것을 제거하기 위한 투쟁이 필요하다.

Ⅲ. 발전은 투쟁과 달리: 새로운 요소들이 결합해서 협력하는 것

모든 것에는 발전하기 위한 조건으로, 인간의 발전도 자연을 자기의 것으로 만들어서 결합됨으로써 인간이 발전한다. 협력하면서 발전할 수 있다. 그리하여 자연이 인간의 말을 듣게 하기 위해서 자연을 개조하기 위한 투쟁이 필요하다. **사람이 가장 발전된 존재이다.**

그러나 투쟁은 발전하는 것이 아니다. **투쟁은 발전의 조건을 만드는 것이다. 발전한다는 것은 창조한다는 것을 말한다.** 창조가 없는 발전은 있을 수가 없다. 투쟁만으로는 무엇을 창조할 수 없다. 이를 잊어버리면 안 된다. 투쟁만으로는 창조를 전혀 못한다. 결합되려고 안 하는 것은 억제함으로써 결합하게 만든다. 발전의 조건을 만드는 것이다. 이것도 맑스주의자들은 잘 모른다. 투쟁이 발전의 동력이라고 생각한다. 투쟁이 발전의 조건을 만들지 않고는 발전이 없기 때문에 그것은 하나의 발전의 동력이라고 그런 의미에서는 말할 수 있지만, 잘못하다가는 모든 투쟁이 발전의 동력이라고 하면 안 된다.

부부간의 싸움도 발전의 동력이다. 부부간에 자꾸 싸우면 이혼밖에 더 되겠는가? 여·야간의 모든 투쟁이 발전이 아니다. **발전은 통일되서 결합되어 협력하는 것을 두고, 반대하는 것을 억제해서 찬성하게 만들어야 우리 국민이 단결해서 발전한다**. **투쟁**은 발전의 조건을 마련하는 것이다. **발전자체**는 새로운 요소들이 결합해서 협력하는 것이다. 이것만 알아도 큰 수확이다. 결합되어 협조함으로써만 새로운 힘이 나온다. 이것이 발전이다. 이렇게 **결합돼서 협력하는 논리가 무엇인가? 이것이 변증법이다**.

이제 모든 사물의 보편적 특징은 연속성과 불연속성, 동일성과 차이성, 운동과 정지 이것은 모든 데 공통적이다. 그런데 이것의 기초가 되는 것은 **연속성과 불연속성**이고, 그 존재가 객관적으로 표현된 것이 **동일성과 차이성**이다. 불연속성, 즉 개체로 분열되어 있을수록, 그런데 무한히 쪼갤 수 있는가? 그렇지는 않다.

소립자가 되면 그것도 쪼개고 끝까지 그렇게 되겠는가? 한계가 있다. 그것을 알아맞히면 당장 박사학위를 줄 수가 있다. 연속성과 불연속성이라 해서 무한히 작게, 수학적으로는 가능하다. 그러나 그렇게는 안 된다. **연속성과 불연속성이 통일이 되어 있기 때문에 통일할 수 없을 정도로 분열이 안 된다. 빛의 속도가 그렇게 된 한도에서만 불연속성과 연속성이 일치되었다. 입자인 동시에 파동**이다. 여기에 자꾸 가속도를 가해도 속도가 나가지 않는다. 만약 그렇게 더 나간다면 입자가 더 커지든가 할 텐데 암만 더 열을 가해도 질량(중량)이 더 늘어날 뿐, 속도는 더 나가지 않는다. 불연속성과 연속성의 통일의 한계를 두고 더 나가지 못한다.

다른 물질에서 한계가 달라질 수도 있다. 지금 우리가 눈으로 보지 못하는 **암흑물질**이라고 하는 것이 있는데 거기서는 아직도 불연속성과 연속성의 관계를 알지 못한다. 이 문제는 이 정도로 하고 그것까지 알려면 힘들게 된다. 아무튼 분열되면 될수록 **차이성**이 더 많아진다. 연결될수록 **동일성**은 더 확대된다. 외적으로 나타난 특징은 **동질성**과 **차이성**이다. 그렇기 때문에 모든 논리의 기초가 되는 것은 **통일성**과 **차이성**이다.

이제 변증법에서는 대립물의 통일을 주장하는데, 맑스주의에서는 **계급투쟁**을 정당화하기 위하여 그렇게 내세운 것이다. 투쟁이 동력이다. '대립은 절대적이고 통일은 상대적'이라고 생각했다.

맑스가 헤겔의 변증법인 관념적인 변증법을 유물론적인 변증법으로 개작했다. 그런데 근본 방법은 다르다. 헤겔은 반대물을 만들어내고 그 뒤에 포섭해서 통일을 해서, 또 반대부분을 만들어내서 통일이 된다. **통일**이 발전의 동력이다. 맑스주의는 어떻게 했는가? 반대물하고 싸워 제거함으로써 발전이 이루어진다고 했다. 적의 계급을 말살함으로써 발전이 된다. 하나는 **투쟁**이 동력이고, 또 하나는 **통일**이 동력이다. 우리는 무엇인가? 투쟁은 발전하기 위한 조건으로, 발전은 통일돼서 결합되어 협조하는 것이 **우리의 발전관이다.**

Ⅳ. 헤겔 변증법은: '대립물의 통일'을 모순으로 보아 발전을 모른다

헤겔의 변증법은 변증법적인 형식을 내놓았는데 ①질과 양의 변증법 ②대립물의 통일의 변증법 ③정반합의 변증법(맑스주의에서는 부정의 부정의 변증법)이라는 것이다. 그런데 '대립물의 통일'을 모순으로 보았다. 대립물이 통일될 수 없다. 대립되어 있다는 것은 서로 배척한다는 말인데, 그것이 왜 통일되겠는가? 대립만 되어 있는 존재는 있을 수가 없다. 차이성만 있고 동일성이 없는 존재는 있을 수가 없다. 그렇기 때문에 대립물의 통일이라고 할 때 사실은 **대립성과 통일성의 두 가지 측면**이 있는데, 처음에 대립성이 강해서 분열되어 있던 것이, 대립성이 약화되고 통일성이 강화될 때 이것이 결합되는 것이다. 그러나 결합되어도 대립성을 내포한 결합이기 때문에 절대적인 결합이 안 된다. 그렇게 결합되어 있다가도 대립성이 강화되면 분열된다.

대립도 상대적이고 통일도 상대적이다. 부부간의 생활을 두고 뗄 수 없는 관계를 두고는 좋게 생각하여 결합되었다. 그러나 대립성이 강화되면 틀렸다고 하고 이혼을 한다. 절대적인 결합이 아니다. 그러나 절대적인 결합이 되도록 노력하면 절대적이다. 차이성, 대립성을 극복하고, 동일성을 강화하는 방향에서 서로 협력하면 처음에 연애할 때보다 더 강화된다. 영원한 사랑, 영원한 결합이 없다고 하지만 자꾸 노력하게 되면 발전할 수 있다. 가만히 두어서 영원한 결합, 영원한 결혼은 있을 수가 없다.

그렇기 때문에 사람과의 관계는 자만하지 말라는 것이다. 절대적인 믿음, 절대적으로 배반하지 않는다 하지만 '절대적'인 것이 없다. 그러나 그 관계를 더 강화해 공동의 목적을 향해 노력하고 상대방의 결함도 이해할 수 있게 수준을 높일 수 있다. 처음의 결합보다 더 높은 수준에서 결합될 수 있다. 절대적인 것이 없다고 하는 것은 노력하게 되면 더 수준을 높일 수 있다는 것을 말해주는 것이다. 세상에 절대적인 진리, 절대적인 아름다움, 절대적으로 선한 것은 있을 수가 없다. 사람은 자꾸 발전하기 때문에, 그러나 지금의 선보다는 더 선한 것을 만들 수 있다. 지금의 나보다 더 멋있게 만들 수 있고, 이것은 가능하다.

인간은 계속 발전시켜 나가게 됨으로 진·선·미라고 하는 것은 그저 절대적인 것, 변하지 않는 것은 있을 수가 없다는 것도 옳고, 그러니 우리는 섭섭해 할 필요는 없다. 절대적으로 행복한 것은 있을 수가 없다. 절대적으로 행복한 것은 죽는 것과 마찬가지다. 죽게 되면 아무런 근심걱정이 없어지니까. 아무리 맛있는 음식도 한 음식만 계속 먹으면 질린다. 맛있는 것이 되지 못하고 싫증이 나게 된다. 계속 변하는 것인데, 변화가 발전의 방향으로 진행될 때 우리는 거기서 기쁨과 행복을 느끼게 된다. **노력**해야한다.

다음에 변증법을 실생활에서 전개하고 또 나아가 전략전술에다 적용하자. 이것을 우리가 잘 하게 되면 화(禍)를 복(福)으로 전환시킬 수 있다. 이런 의미에서 **헤겔의 변증법은 아무 소용이 없다.** 그런 식의 논리로는 전혀 맞지 않다. 논리적으로 이해하려고 하면 전혀 맞지 않는다. 칸트의 순수이성비판이라고 하는 것은 흥미가 있지만, 헤겔의 논리학은 6개월 동안 아무 것도 안 하고 읽어보아도 실질을 알 수가 없었다. 그래서 헤겔의 논리학을 안다는 것은 정상적이지 않다고 말할 수 있다.

우리가 인간중심정치철학을 개척해놓고 나니 어디서 잘못 됐는가 하는 것을 비로서 알 수가 있었다. 그러므로 왜 우리는 헤겔식으로 사고해서는 안 되는가? **맑스주의가 유물론으로 개작했다고 하지만 발전에 관한 것을 모른다.** 그러므로 공산주의사회를 가게 되면 발전이 끝난 것으로 보게 된다. 최고의 이상으로 봤기 때문이다. 최고의 이상은 있을 수가 없다. 그러므로 이상이 실현되면 또 이상이 나오게 되어 있다. 행복의 (파랑)새를 잡았다고 할 때, 이미 행복의 새는 한 단계 높게 나무 위에 올라가 있다. 인간이 발전할수록 욕망이 발전하게 되고 욕망이 발전할수록 목표가 더욱 높아지게 되어 있다. 계속 발전을 위해서 노력하는 사람만이 계속 발전할 수 있고, 발전과정에서 오는 기쁨과 행복을 느낄 수 있다. 이것이 **변증법**이다.

그래서 조그만 책을 쓴 것이 **변증법적 전략전술**이다.(황장엽, 『변증법적 전략전술』(서울: 시대정신, 2006. 10. 2), pp. 285) **변증법의 이치를 가지고서 전략전술에 적용해야 된다**. 다음에 변증법만 할 것이 아니라 전략전술도 공부하도록 하자.

제10장

변증법의 이해: 차이성과 동일성을 대립물의 통일로

Ⅰ. 발전의 동력은: 결합해서 협조하는 것

인식한다는 것은 사물(대상)의 차이성과 공통성을 구별하는 것이다. 세상에 공통성이 없는 것은 하나도 없다. 세상에 공통성이 전혀 없는 것은 있을 수 없다. 그러나 세상에는 공통성만 있고 차이성이 없는 것도 하나도 없다. 객관적으로 존재하는 어느 것도 운동을 한다. 인간처럼 걸어 다니지는 못하지만 모든 사물은 운동을 한다. 자기를 보존하려는 생각이 있기 때문이다.

분열된 것만큼 차이성을 가진다. 그렇기 때문에 다양성을 가진다. 처음에 사람들은 자기의 욕망에 맞는가 맞지 않는가, 좋은 물건인가 나쁜 물건인가를 구별하고 인식하는 것을 목적으로 한다. 사물의 공통성에는 다음의 3가지 특징이 있다. 첫째로 모든 사물은 **객관적으로 존재**한다. 둘째로 **모든 사물은 운동을 한다.** 세상에서 운동을 안하는 물질은 하나도 없다. 어떤 형태로 운동하는가의 차이가 있을 뿐이다. 셋째는 왜 운동을 하는가? 이는 **자기 자체를 보존하려는 성질**이 있기 때문에 운동을 한다.

지금까지 인간은 세계가 어떠한 존재인가를 다 알지는 못하지만 위의 3가지 공통성에 대해서는 알고 있다. **그 전에는 사물이 자기보존성을 가지고 있다는 것을 알지 못했다. 이는 인간중심정치철학에서 처음으로 밝힌 것이다.** 이런 공통성이 있기 때문에 공통성이 전혀 없는 것이 있을 수가 없다. 또 그렇다고 해서 차이성이 전혀 없는 것이 있을 수가 없다. 이런 설명이 잘못 됐다면 철학이론을 고쳐야 한다.

그런데 연속적인 동시에 불연속적이라는 것을 증명할 수가 없다. 객관적으로 존재한다고 하는 것도, 경험을 통해서 설명이 안 된다. 인과적으로 논증을 못한다. 그러므로 조건이 달라지게 되면 평행선이 절대로 마주치지 않는다는 공리가 달라지게 된다. 이것이 **비유크리트 기하학**이다.

운동상태에서는 내각이 구부러지면서 정삼각형이 변형될 수가 있다. 오목삼각형이 되면 3각을 합한 것이 180°보다 작아진다. 반대로 되면 볼록삼각

형의 내각의 합은 180°보다 커진다. 커진다는 기하학의 원리를 상대성원리에 적용한 것이다. 왜 이런 말을 하는가? 우리가 세계를 볼 때, 정지상태에서 무엇을 비교할 때의 논리적인 질서와 운동할 때와 변화할 때의 논리적인 질서가 다르게 된다는 것이다.

우리가 당장에 비교할 때는 정지상태에 있는 것을 비교한다. 젊은 사람이 당장에는 젊지만 늙어진 것은 보지 못한다. 불변한 동일한 상태에서 사물을 비교하는 것이다. 이것이 처음에 나온 것이 아리스토텔레스의 논리다. 모든 사람들이 이런 식으로 밖에 생각하지 못했다. 그런데 그 이후에 변화상태에서는 자꾸 변화된다. 이런 것을 주장하는 사람이 적지 않았다. 불변상태, 정지상태와 운동상태는 연속성과 불연속성의 관계처럼 다르면서도 하나로 통일되어 있다.

또 불연속적인 것은 절대적인 불연속적인 것이 아니라 그것 나름대로 두 가지 성격을 가지고 있다. 아무리 작은 것도 두 가지 성격을 가지고 있다. 동일성과 차이성이 있어서 동일성은 연결되자고 하고 차이성은 배척하고자 한다. 그렇기 때문에 작은 것도 연결하려는 지향성을 가지고 있다. 개인은 독자적으로 살지만 그러나 고립해 사는 것은 좋아하지 않는다. 결합하려고 한다. 개인자체가 두 가지 성질을 가진다.

다시 말해 독자적으로 살자 이것하고, 결합되어 살아야 되겠다는 이 두 가지다. 거기서 독자적으로 살자는 요구가 더 커질 때는 분열된다. 동일성이 커질 때는 결합하게 된다. 그래서 모든 사물이 다 공통성을 가지고 있다. 모든 사물이 차이성을 가지고 있다고 하니 이 또한 같은 보편성을 가지게 된다. 그러면 이 정지와 운동의 두 가지 상태만 있겠는가?

정지와 운동이 결합되고 동일성과 차이성이 결합돼서 현재에 있는 상태보다도 더 높은 단계로 변화해나갈 때 이것이 발전이다. **발전의 동력은 결합해서 협조하는 것이다.** 협조가 없이는 현존하는 상태보다 높은 단계의 존재로 될 수가 없다. 변화가 크게 되어 존재로서 상승적으로 변화하게 되려면 차이성이 있는 것들이 결합해서 협조할 때 발전이 일어나게 된다.

Ⅱ. 발전의 논리가: 변증법이다.

발전에 관한 논리가 변증법이다. 이것이 아마 초등수학에서 고등수학으로 넘어가는 것만큼 힘들 것이다. 모든 것은 운동하거나 정지 상태에 있다. 정지 상태에서는 아무런 발전이 있을 수가 없다. 또 그저 변한다고 해서 아무런 발전이 있을 수 없다. 여기까지가 **지금까지의 논리학**이 취급하는 것이다. 더 나아가서 동일성이 커지고 결합되어 서로 협조할 때, 결합된 요소보다는 더 운동능력이 높고 더 다른 것을 끌어당기는 힘과 배척하는 힘이 강한 주동성과 능동성이 강한 사물로 변화된다. 이것이 발전이다.

정지 상태에서도 발전은 없고 운동만 하는 상태에서도 발전은 없다. 정지 상태와 운동 상태가 결합되어야 한다. 두 가지 상태가 결합되어 협조할 때 발전이 일어난다. **발전의 논리 이것이 변증법이다. 이것은 동일성과 차이성이 대립되어 있으면서도 통일되어 있다는 것을 말하는 것이다.** 남자와 여자가 차이성이 있는 것이다. 동시에 인간으로서의 공통성이 있다. 개인으로서는 가질 수 없는 것이 결합됨으로써 생명을 가지게 된다. 개인으로서는 절대로 재생산을 할 수 없지만 결합수준이 높아지면 마지막에는 국가나 집단으로 되게 되면 이를 통해 **영생할 수 있는 생명력**을 가지게 된다.

차이성 대신에 공통성을 강화하게 되면 통일이 강화된다. 존재의 상태가 어떤가에 따라서 사람들이 **인식하는 논리**가 달라진다. 아리스토텔레스가 만든 논리학에는 발전이란 말이 없다. 창조라든가 결합이란 말이 없다. 10가지의 가장 일반적인 범주를 아리스토텔레스가 만들어 놓았는데 발전이라는 말은 없다. 같은 것과 차이성만 가지고 자꾸 논의했지, 결합돼서 새 것으로 더 상승적으로 발전한다고 하는 것은 없다. 이것은 사람들이 창조적인 활동을 통해서 만들어내는 것이 생활에서 중요한 위치를 차지하면서 인간을 두고 여기서 **새로운 논리**를 생각하게 되었는데 이것이 **변증법**이다.

그런데 처음에 이것을 누가 만들어내었는가 하면 **헤겔**이다. 그럼 왜 헤겔이 이런 것을 만들어 내었는가? 봉건사회까지만 해도 계속 반복과정이 심했고 발전이 별로 없었다. 자본주의사회에 와서 변혁이 일어나는데 큰 변혁으로 나타난 것이 산업혁명이다. 기계·기술 수단을 쓰면서 지금까지 보다 평균

20배는 늘어났다. 이것은 그저 변화가 아니라 상승하는 변화, 발전하는 변화가 급속하게 상승되는 것이다.

그런데 이 산업혁명을 도입해서 빨리 발전한 나라는 영국과 프랑스이다. 거기서는 철학이 나올 분위기가 아니었다. 그러나 뒤떨어진 프러시아, 독일은 아직도 잠에서 깨지 못하고 계속 신학이나 신봉하는 낙후한 나라이다. 무엇을 신비화해서 자꾸 생각하는 것은 발전을 했다.

실천적으로 발전을 따라가야 하겠는데 그것이 실천적으로 따라가지 못하다 보니 그것을 철학적으로 따라가자는 것이다. 이것이 **독일고전철학**이다. 남은 실천적으로 **산업혁명**을 하는데 이것을 따라 가려고 하지는 않고 두뇌로서 저것이 무엇인가, 어떻게 변화하자는 것인가 이런 것을 생각하게 되었다.

Ⅲ. 칸트의 4가지 이율배반(antinomy): 코페르니쿠스의 전회(轉回)

그래서 헤겔은 이 쓰지도 않는 **절대정신**이라는 것을 생각해 가지고 그것이 어떻게 하여 변화해 나가는가 하는 것을 생각하게 되었다. 그런데 그전에 칸트로부터 시작해서 자꾸 관념론을 정당화하고 반대하고 하여 고전철학이 발전해나갔다. 칸트는 정직한 사람으로 물질 자체는 모르겠다고 했다. 그는 인식론을 한 사람으로 어떻게 사람이 인식할 수 있는가? 그 사람이 제일 흥미를 가진 것은 수학이나 물리학으로 **보편적인 타당성을 가진 진리**가 어떻게 있을 수 있는가를 연구하는 것이었다.

이를 증명하고자 하는 방법으로 해보니까 안 되게 되었다. 다섯과 셋을 합하면 왜 여덟이 되는가? 논리적으로 해결할 수 있는가? 이 문제를 해결하는데 8년이 걸렸다. 8년 걸렸지만 물론 잘못 해결했다. 그러나 그렇게 지독했다. 그러나 마지막에 얘기한 것이 선천적으로 타고난 형틀에서 집어내듯이 다 같은 진리가 나오는 것으로 잘못 해석했다.

태양이 지구를 돈다고 생각했는데 반대로 지구가 태양을 돈다는 식으로 하여 인간이 무엇을 반영하는 것으로 생각했는데 그런 것이 아니고 인간이 찍어내는 것으로 해석했다. 이것이 유명한 **코페르니쿠스의 전회(轉回)**라고 하는 것이다. 그러면서도 물질세계 그 자체는 무엇인가를 알 수가 없다고 했다. 찍을 수가 없다. 따라서 동시에 반대되는 **4가지 명제**가 성립되었다. 이것이 **4개의 이율배반**(antinomy)이다. 하나는 세계가 무한한가 유한한가? 둘째는 세계는 단순한가 복잡한가? 지금으로 해석하면 연속적인 존재인가 불연속적인 존재인가? 셋째는 자유가 있는가 없는가? 필연적인가, 자유가 있는가 하는 문제이다. 넷째는 어떠한 제한도 받지 않는 절대적 존재가 있는가 없는가? 철저한 완전한 자유를 가진 자가 있는가? 즉 신은 있는가 없는가하는 문제이다.

이 4가지는 우리의 인식능력을 초월해서 알 수가 없다고 하였다.

Ⅳ. 헤겔, 맑스의 변증법: 모순을 정당화하는 이론으로

그런데 제자인 피히테는 사람이 그렇게 "알 수 없다"고 해서 되겠는가? 제일 고급한 것은 정신이다. 그렇기 때문에 정신이 물질을 생산했다고 하는 것으로 생각하였다. "주관이 객관을 생산했다"는 이 사상은 **피히테에서** 나왔다. 그 다음으로 나온 사람이 **셸링그**이다. 주관과 객관이 같다(동일체)고 했다. 이것을 반대해 나온 사람이 **헤겔**이다. 동일한 것이 아니라 통일되어 있다. 주관과 객관이 통일되어 있다. 주관과 객관이 통일되어서 새로운 것을 낳는다. 이것이 정(正)이 반(反)을 생산하고 반은 또 합해가지고서, 높은 단계로 정이 반을 합해서 또 반을 낳고 그리하여 절대정신이 가장 단순한 것에서부터 모든 것을 포함하는 정신으로 발전했다. 이런 식으로 만든 것이 **헤겔의 변증법**이다.

그런데 헤겔은 변증법을 안다는 사람이 더 모른다. 아직도 헤겔의 사고에서 벗어나지 못한 사람이 잔뜩 있다. 절대정신이 어째서 만능의 무소불위의 전지전능한 신으로까지 발전했는가? 이것을 증명하려고 했다. 완전히 과대망상증에 걸린 것이지, 어떻게 하여 사람도 없고 자연도 없는 데서 절대정신만 있었다고 할 수 있는가? 헤겔은 원래 신학자인데 후에 철학자로 돌았다. 단순히 正이 자기의 반대물을 낳고 이를 다시 포섭하고서 발전이 일어나고 이것이 다시 또 반대물을 낳고 결합돼서 발전하고 자꾸 이렇게 발전해서 마지막에는 모든 것을 다 인식하고 포괄하는 모든 것을 만들어낼 수 있는 **절대정신의 존재**로까지 발전했다.

이것을 **맑스가 유물론적으로 개작**했다. 헤겔의 이 논리를 답습하였다. 내용을 관념론을 유물론으로 고치고 거꾸로 세운 것을 바로 세웠다고 하였지만 형식은 그대로 본 따다 보니까 헤겔은 절대정신이라는 있지도 않은 것을 발전해나간다는 논리를 만들어내느라고 변증법을 왜곡했고, 맑스는 **계급해방을 위해서 계급투쟁과 무산계급 독재에** 필요성을 정당화하기 위해서 이것을 적용하다 보니까 또 왜곡시켰다.

맑스 이전에 공산주의는 공상적 공산주의 또는 민주주의적 공산주의라고 하였다. 프랑스의 칼 프리에, 쌍시몽, 영국의 로버트 오웬 이런 사람들이 대표적인 사람들이다. 이들은 민주주의 혁명을 통해서 정권에서의 특권은 없어졌다, 그러나 생산수단을 가지고 사람들을 착취하기 때문에 경제분야에서는 아직도 특권이 남아 있다. 완전히 평등하게 되기 위해서는 정권을 가지고 선거하듯이, 생산수단도 다 같이 사회적인 것으로 만들어서 이용해야 한다고 한 것이 **사회주의이며 공산주의**라고 했다.

그러나 맑스가 계급투쟁을 하는 것을 보고서 어떻게 결론을 내렸는가? 아니 어째서 자기가 가진 특권을 내어놓자고 하겠는가? 계급투쟁을 통해서 때려 부셔야 한다, 경쟁에서 이겨서 갖게 된 자기 재산을 내놓겠는가? 따라서 계급투쟁을 통해서 해방을 시켜야 된다. 그러기 위해서는 노동계급이 단결하고 독재를 수립해야 한다. 이 점을 유의해야 한다. 그래서 폭력으로서 자본가 계급을 타도하고서 생산수단도 다 빼앗아서 생산수단을 사회적 소유로 만들어야 한다. 이래야 완전한 민주주의사회가 도래한다고 생각했다. 그럴듯하게 들리지 않는가?

V. 인간중심철학의 변증법은: 발전의 논리학이다

이제 우리가 바로 세우는 것이 무엇이겠는가? **발전의 논리다.** 어떻게 해서 발전이 일어나는가? 인간이 어떻게 발전해 왔으며 또 어떻게 하여 자신을 발전시키고 세계를 발전시켜 나갈 수 있겠는가 하는 것을 말하는 논리가

변증법이라는 것이다. **동일성의 논리도 변화의 논리도 아닌 발전의 논리이다.** 그런데 헤겔은 있지도 않은 절대정신이 발전해나가는 것으로 하다 보니, 없는 것을 있는 것으로 하자고 하니까 왜곡할 수밖에 없었다. 또 맑스가 위에서 밝힌 것처럼 자기 자신이 모순된 얘기를 하면서 이를 정당화하기 위하여 변증법을 갖다 넣었다. 그러므로 모순을 정당화하는 이론으로 되었다.

변하지 않은 정지 상태, 불변상태의 연계질서를 지금까지는 논리라고 생각해왔다. 이 설명은 옳지만 그러나 변화 상태에서는 적용되지 않는다. 또 발전 상태에서도 적용되지 않는다. 이 논리학은 동일상태, 정지 상태, 불변상태에서만 맞고 더 이상은 맞지 않는다. 세계는 크게 나누게 되면 3가지 상태이다. ① 정지하고 불변상태에서 세계를 볼 수 있고 ② 순전히 운동하고 변화상태에서 볼 수 있고 ③ 발전상태에서도 볼 수 있다. 위의 **3가지 논리**가 형성된다.

그런데 변화상태에서 말하게 되면 두 가지 변화가 있을 수 있다. **하나는** 상승적인 변화, 발전에 관한 변화이고, 여기서 취급하고자 한다. **다음은** 등속도로 변한다. 불변상태로 불변상태의 논리로 취급하게 된다. 두 가지 논리로 ① 하나는 동일성과 불변상태를 전제로 하는 논리 ② 그 다음에는 변화발전을 위한 논리 이 두 가지가 있다. **그러므로 본질상 변증법은 발전에 관한 논리다.**

발전의 특징이 무엇인가? 세계에서 제일 발전된 존재가 무엇인가? 이것은 인간으로 인간의 창조적 활동이 발전운동의 가장 대표적인 것이다. 그러므로 **인간중심철학이 주장하는 변증법**은 인간의 운명개척의 길을 밝혀주는 창조적 활동의 기본 특징이 무엇인가 하는 것을 밝히는 것이다. 그리고 변증법 자체가 고정불변한 것이 아니라 인간의 발전과 더불어 계속 발전한다고 보고 있다.

발전한다는 것이 계승해서 생명이 계속 영생해 나가는 것과 같은 것인데 이 때 **개인의 생명이 계속 계승해 나가는 것이 아니라 집단을 통해서만 대를 이어 개인은 바뀌게 된다.** 그러므로 개인은 죽게 되는데 그러나 낡은 사고는 자기를 보존하자고 한다. 종교를 믿는 사람은 낡은 것을 따라가려고 하는 보수성이 있기 마련이다. 그러나 반드시 동반하는 이런 부정적인 측면을 겁낼 필요는 없다. 부정을 극복해 나가야 한다. 헤겔철학을 잘못했다고 해도 이를 보존하자고 한다.

마치도 그것이 발전을 강행하는 주류로 생각해서는 안 된다. 그런 부정적인 것을 극복하면서 발전을 해나가야 한다. 완전히 무난하게 발전을 할 수는 없다. 투쟁을 통하지 않고 발전을 할 수가 없다. 상대적으로 볼 때 부정적인 것은 필요악이랄까, 일시적이고 동반되는 부산물이라고 볼 수 있고, 인간이 상승적으로 발전하는 것이 주류로 보아야 한다.

이러한 것도 계속해서 생각해야 한다. 철학자가 되겠다고 하는 것이 아니라 어떻게 해서 실천에서 적용하겠는가를 늘 생각해야 한다. 좀 잘 해나가자. 이것을 잘 하게 되면 큰 효과가 있다. 멀리 내다볼 수 있다. 최대한으로 알기 위해서 노력해야 한다. 이제 점점 현실적인 문제를 취급하도록 하자. 이런 문제들을 제4부에서 다루고자 한다.

제11장

인간중심의 변증법: 협조와 발전의 정치를

Ⅰ. 헤겔 관념변증법의 절대정신이란?: 맑스와 비교하며

변증법이라는 말은 원래는 대화법에서 나왔다. 희랍에서 변증법이라는 것은 대화의 방법, 이를 제일 먼저 쓴 사람이 소크라테스다. 소크라테스는 대화의 방법으로 상대방이 자기 의견이 옳다고 하게 되면, 옳다고 하고서 토론해 보자고 한다. 그렇게 해서 상대방이 자기가 주장했던 것을 스스로 부정하는 방향으로 만들었다.

이것을 두고 소크라테스의 3가지 풍자(irony)(①아이러니는 부인이 악처라는 것, ②소크라테스가 추남이라는 것, ③위대한 철인의 철학이 솔직하지 못하다는 것이다)가운데 하나로 말해지는데 솔직하지 못하다는 것이다. 직선적으로 하지 않고 상대방이 옳다고 전제해 놓고 그 다음에 그것을 대화를 통해서 자기 자신의 출발점을 부정하게끔 만들었다.

변증법의 이해를 위해 앞에서 설명한 내용을 다시 언급하였다.

그래서 이런 방법으로 소크라테스의 진리를 발견하는 방법 또는 진리를 생산하는 것을 두고 산파술이라고 했다. 그래서 철학사가들은 어머니가 산파의 역할을 했는데 자기 어머니를 생각해서 그랬는지 **대화의 방법을 두고 진리에 대한 산파술**이라고 말했다고 한다. 이렇게 볼 때 논쟁을 통해서 모순을 발견하고 모순을 극복하는 진리를 깨닫게 하는 방법이라고 하는 의미에서 변증법인데 이 방법에 대해서 처음으로 변증법을 체계화한 사람은 결국은 헤겔이다.

대화의 발전이 아니라 발전의 원리를 체계화한 사람이 헤겔이다. 헤겔은 관념론자로서 자연과 인간이 있기 전에 정신이 있다고 했다. 이 정신은 육체의 제약도 받지 않고 자연의 제약도 받지 않고 완전히 자유로운 것이다. 정신은 자체로서 존재하지 그 어느 무엇에도 구애되지 않는다. 그런 의미에서 **절대정신**이다. 아무런 제약도 받지 않는다. 그런데 우리 인간은 육체적 제약을 받는다. 또 인간의 정신적 활동도 자연의 제약의 제약을 받는다. 헤겔은 자연과 인간이 없는 상태에서 정신을 생각했다. 그 무엇에도 제약을 받지 않는 자유로운 정신이다. 그래서 절대정신이다.

그리고 가장 단순한 상태로부터 모든 자연과 모든 인간을 다 포괄하는 절대정신으로 발전하는 과정이 필요한 것을 두고, 이것을 설명하자니 절대정신 자체가 운동해나가는, 변화 발전해나가는 것을 생각하지 않을 수 없었다. 그리하여 절대정신이 가장 단순한 존재로부터 모든 것을 다 포괄하는 정신적 존재로 발전해가는 과정을 자기의 **논리학**에서 이렇게 설명했다.

논리학 책은 3편으로 되어 있는데, **첫편**이 **존재론**이고, **둘째편**이 **본질론**이고, **셋째편**이 **개념론**이다.

가장 단순한 존재로 있던 절대정신이 본질로 발전하고 본질이 더욱 발전해서 개념으로 발전하고 개념이 주관적인 개념, 객관적인 개념이 있는데 이것이 이념으로 발전하고, 이념이 또 몇 단계를 거쳐서 절대이념으로 발전하고 절대이념으로 발전하게 되면 모든 것을 다 포괄한다. 절대이념과 맞먹는 존재가 절대자이고 절대자는 **신**이라고 설명했다. 절대정신이 어떻게 해서 발전해나가는가 하는데 이는 어떤 형식을 통해서 그것이 가능했다는 측면이다. 형식에 대한 측면이 정반합이다. 단순한 데서 복잡한 데로 나갈 때 딴 것이 없고 자기 자신이 무엇인가 대립되는 것을 만들어내지 않으면 안 되는데, 사실은 내가 만들어낸 것도 다른 형태로서 존재하는 반영에 지나지 않는다. 포섭을 통해 절대정신이 그만큼 풍부한 내용을 가지게 된다.

이것을 자꾸 반복하는 과정에 모든 것을 다 포괄하는 절대정신(절대이념)으로 발전하게 된다. 이것은 자기 반대물을 만들어내고 포섭하고 正이 反을 만들어내고 正과 反이 합해지고 이것이 正反合이다. 이렇게 해서 단순한 것으로부터 복잡한 것으로, 가장 내용이 없는 데서부터 모든 내용을 다 포괄하는 것으로 정반합의 방법으로서 발전할 수 있다. 이것이 **헤겔의 변증법**이다. 다시 말하면 절대정신은 모든 것으로부터 해방된 완전히 자유로운 정신이다. 절대이념에 해당되는 존재가 **신**이다.

헤겔은 기독교에서 이야기하는 것처럼 인격적인 신을 말한 사람은 아니고, 즉 "하나님 아버지시여"하고 이렇게 하고서 내다보면서 행복을 주고 이렇게 생각한 사람은 아니다. 그런 모든 것을 포괄하는 절대적인 존재가 있다고 본 것이 **절대자**이고, 그 존재의 형식이 **절대이념**이다. 절대정신이라고 하는 발전의 주체가 어떻게 발전했는가 하는 것은 하나의 철학적 이론이다. **철학적 이론은 크게 보면 두 가지가 있다. 존재론과 운동론**이다. 위의 것은 운동론에 속하는 것이다. 어떻게 해서 이런 단순한 존재로부터 운동해서 가장 발전한 존재로 되겠는가 하는 것은 철학학설에 속한다. 옛날의 형이상학이라고 하는 철학자체에 속한다.

그런데 형이상학은 이렇게 되어가는 논리적 형식인 정·반·합을 가지지 않았다. 논리학의 존재가 본질로, 본질이 개념으로 변화해나가는 과정이 **정반합**으로 된다. 그리하여 논리학에서 뿐만 아니라 자연철학이건 정신철학이건 역사철학이건 모든 철학체계는 **정반합**으로 설명했다. 그러니까 **정반합**이라고 하는 것이 논리적 연계의 기본형식(도식)이다.

맑스주의는 이것을 유물론으로 개작한다고 하면서 또 이를 구분하지 않았다. 존재론에서 가만히 보게 되면 내용이 없다. **헤겔**은 물질적 존재 자체를 인정하지 않고서 시작하다 보니 질부터 시작했다. 구별성부터 시작하다 보니 거기서 양과 질에 관한 문제에서부터 잘 나가게 된다. 유물론으로 개작한다고 해서 첫째 법칙을 질량의 법칙이라고 했다. 그 다음에 헤겔은 존재가 본질로 발전한다고 할 때 **본질**이라고 하는 것은 양과 질이 상호 전환해 나가는데 전환해나가는 근거가 되는 것이 본질이라고 보았다. 그 다음에 본질이 더욱 발전해서 개념으로 되었다.

본질까지는 유물론적으로 개작해가는 데서 존재론에서 질과 양이 상호 전환되는 과정을 설명했다. 그리하여 질과 양이 자꾸 변하게 되면 그 사이에 한계가 없어지는데 질과 양을 통일시켜나가는 것이 무엇인가? 이것이 **본질**이라고 보았다. 그러므로 차라리 이렇게 하게 되면, 질과 양이라는 대립되어 있는 요소들을 통일시키는 것이 **본질**이라고 본 것이다. 그래서 대립물의 통일이 모든 사물의 **본질**이며, 모든 사물의 본질은 대립물의 통일이다.

① **질량의 법칙** ② **대립물의 통일과 투쟁의 법칙**으로 정리하고 개념론에 가서는 설명이 없는데 유물론적으로 생각하게 되면 개념, 판단, 추리로 되

어 주관적인 개념, 객관적인 개념, 이념의 형식으로 나와 있다. 이들을 정반합에 관한 것으로 객관화하였다. 이것이 **③부정의 부정의 법칙**이다. 정반합에서는 정이 반을 낳고 반하고 정이 합해져서 발전이 있는데, 맑스주의는 정을 긍정으로 보고 부정한 것이 나오고 부정을 다시 부정하여 긍정으로 돌아오게 한다. 이것이 모든 사물의 발전하는 형식이다. **이 역시 발전의 형식과 이론을 구분하지 않았다.**

헤겔은 정반합 자체가 법칙이라고는 하지 않고 형식이라고 했다. 그러나 맑스주의자들은 부정의 부정의 법칙이 하나의 객관적 법칙으로 설명을 했다. 모든 것이 발전하기 위해서는 부정을 해야 한다. 변증법에 관한 것을 맑스주의가 정식화한 것이 다음의 3가지이다. ① 질량의 법칙 ② 대립물의 통일과 투쟁의 법칙 ③ 부정의 부정의 법칙. 헤겔은 변증법논리를 앞에서 설명한 다음의 3가지로 나누었다. ① 존재론 ② 본질론 ③ 개념론

그런데 인간은 자연에서 나왔지만 자연에 예속된 존재가 아니라 자연을 자기의 요구에 맞게 개조해나가는 존재이다. 인간을 중심으로 해서 볼 때는 **발전이란** 인간과 세계와의 관계에서 발전하기 때문에 인간을 **주체**로 하고 세계를 **객체**로 보아서 인간과 세계와의 상호관계를 첫 자리에 놓게 된다. 그 다음에 인간의 삶의 목적이 어디에 있는가 하는 것을, 삶의 목적에 맞게 수단을 써야 한다는 것을 연결시켜서, 목적과 수단의 관계를 놓는다. 이를 인간을 출발점으로 삼아 본 것이다.

Ⅱ. 인간중심철학의 변증법이란?: 발전을 위해 모순, 투쟁이 아니라 결합과 협력을

중요한 것이 인간이 발전하는 것이다. 인간의 발전에 따라서 세계가 발전해나가는 것이 **변증법의 학설**이다. 그러면 **발전이란 무엇인가? 어떻게 해서 발전이 일어나게 되었는가? 발전의 동력, 원인, 가능성은 무엇인가?** 맑스주의자들은 투쟁으로 보았는데 **결합과 협력**이다. 투쟁으로서는 새 것이 나올 수 없다. 발전은 단순한 물질들이 결합되어서 협동하고 협력하는 데서 발전이 일어난다. 이것이 **큰 진리**다. 발전은 투쟁으로서 창조되는 것이 아

무 것도 없다. 그렇기 때문에 자연계에서도 이런 단순한 것들이 결합돼서 협조, 협력하는 것이 자연계에서도 있었다. 인간이 발생한 것도 그런 것이 자꾸 반복되는 과정으로 인간과 같이 가장 발전된 존재로 창조될 수 있었다.

변증법을 알기 위해서는 이것을 철저하게 이해하여야 한다. 단순한 것이 결합되어 협동함으로써만 새로운 힘을 만들어 발전이 있을 수 있다. 제일 원시적인 물질이 빛이다. 빛도 아주 압축해서 결합시켜서 협동하게 되면 **레이저광선**으로 쇠를 막 뚫고 나간다. 인간과 같은 존재, 또는 유기물질은 지구가 발생할 초기에는 있은 것이 아니다. 지구는 45억5천만년 전에 탄생했다. 그때는 단순한 것밖에 없었다. 우주물질의 98%는 소위 말하는 6대 원소이다. 제일 단순한 것의 순서로 수소, 헬륨, 탄소, 산소, 질소, 네온이다. 네온이 10번째로 단순하지만 나머지 4개는 양이 얼마 되지 않는다. 가장 가벼운 것 10개 안에는 위의 6개로 우주물질의 98%를 차지하고 있다. 따라서 처음부터 복잡한 물질이 있던 것이 아니다. 지구가 물론 복잡한 원소도 있었지만 어쨌든 유기물질은 없었다. 그러나 결합되어 유기물질이 되고 유기물질이 결합되어 고급 유기물질이 되는 과정을 거쳤다. 이런 과정이 10억년이 걸렸다.

결합하고 협조하게 되면 물질이 자기를 보존하려는 성질이 강화되고 운동능력에서 주동성과 능동성이 강화되어 나간다. 자기를 위한 주동성과 능동성이 강화되는 정도가 어디까지 나가게 되는가 하면 다른 물질을 섭취해서 조직을 만드는데 이것이 **동화작용**이다. 뿐만 아니라 자기를 복제해서 후대를 번식시킨다. 이것이 **유전**이다. 이 작용까지 하게 되면 아주 고급한 유기물질로부터 **생명을 가진 유기체로 발전**하게 된다. 가장 단순한 생명체가 나와서 인간까지 나오는데 35억년이 걸렸다. 이것도 역시 결합되어 협조하는 수준이 높아 가는데 발전하게 된 것이다. 그러므로 발전이란 오직 결합되어 협조하는 데서만 나오는 것으로 다른 것은 없다.

그럼 투쟁은 무슨 의의가 있는가? **존재하는 모든 것은 분열되어 개별적으로 존재하는 동시에 결합되어 집체적으로 존재한다.** 이것이 **모든 존재의 일**

반적인 형식이다. 가장 저급한 빛에 있어서도 마찬가지다. 빛도 조그만 양자, 입자가 있는 동시에 입자들이 결합되어 광선으로 된다. 물리학에서 논쟁이 되는 것으로 **입자**인 동시에 **파동**이다. 두 가지 성격을 가지고 있다. 에너지에 속하는 것으로 에너지 물질인데 제일 유치한 물질이다. 이들도 **개별적으로 존재하는 동시에 연결되어 존재하는 두 가지 측면을** 가지고 있다.

인간도 개인(개체)적으로 존재하는 동시에 집단(집체)적으로 존재한다. 그래서 개인적으로 죽어도 집단은 영원히 존재한다. 이것이 가장 일반적인 존재의 형식이다. 개별적으로 존재하는 것이 자연발생적으로 다른 물질과 결합되려면 쉽지 않다. 분열되어 있다고 하는 상태는 개별적으로 존재한다는 것을 의미하는데, 이것이 다른 것과 결합하려고 할 때, 결합하려는 성질과 거부하려는 성질 두 가지를 가지고 있다. 왜냐하면 존재하는 것은 두 가지 측면을 가지고 있다. 다른 사물과 공통적인 측면과 차이있는 측면을 가지고 있다. 자기를 보존하려는 성질은 **공통성**도 보존하고 **차이성**도 보존하려고 하는데, 분리된 존재는 차이성을 보존하려고 한다.

그래서 접근해오는 것을 배척한다. 다른 사물과 결합되서 존재하려는 것은 끌어당기는 것이다. 그러므로 가장 원시적인 운동은 인력(引力)작용과 척력(斥力)작용이다. 인력과 척력이 가장 기초적인 운동이다. 왜냐하면 존재하는 것 자체가 개별적으로 존재하는 동시에 집체적으로 존재한다. 집체성을 보존하려면 끌어당겨야 한다. 개별적인 것을 보존하려면 접근해오는 것을 배척해야 한다. 배척하지 않는 물질이 없다. 자꾸 접근해오면 다 배척한다. 태양 중심부에는 수소핵이 1개일 경우 플루토늄인데 이것이 초속 300km 속도로 운동한다. 그런데 절대로 충돌이 안 된다. 왜냐하면 접근을 못하게 하기 때문이다. 접근해오는 것을 배척하는 힘은 1000배이다. 그러므로 그저 융합이 안 된다.

이를 융합시키기 위해서는 강제적인 힘이 필요한데 1억도의 열이 필요하다. 원자탄이 핵이 분열되는데서 나오는 열이다. 우라늄이 238과 235가 있는데 원래 많은 것이 결합되어 있지만 파괴하려고 하여 통일이 잘 안 된다. 235는 일정한 양만 모아 놓으면 자연히 분열된다. 자연히 분열되면서 질량이 0.1%가 준다. 이것이 일정한 덩어리로 만들어서 건사하면 1억도가 나온다. 원자탄을 성냥으로 해서 핵을 융합(결합)시키면 질량이 0.7%가 감소된다. 0.1%가 감소될 때 나는 열이 1억도인데, 0.7%가 감소될 때는 1000배의 힘이 나온다. 이것이 수소폭탄이다.

이것은 가장 단순한 물질세계에서 하는 운동인데 인간도 절대로 결합되려고 하지 않는다. 결합시키기 위해서는 결합을 거부하는 성질을 억제하기 위한 투쟁이 필요하다. 남자가 여자에게 결혼을 요구한다고 여자가 말을 잘 안 듣는다. 여자하고 결합을 위해서는 거부를 억제하기 위한 투쟁이 필요하다. 동맹을 위해서는 동맹을 거부하는 요인을 억제하는 투쟁을 하여야 한다. 우리가 자연을 이용하기 위해서도 마찬가지다. 억제하는 투쟁은 투쟁 자체로는 아무 것도 생산하지 못한다. 결합하기 위한 조건을 마련해주어야 한다. 이러한 조건이 마련되었는데도 발전의 요구에 맞게 결합시키기 위해서는 창조적 노력이 필요하다.

유물론자들은 계급투쟁을 하다 보니 투쟁이 발전의 동력이요, 투쟁이 새것을 창조해 나가는 것처럼 설명했다. 발전하기 위해서는 투쟁은 아무 것도 창조하지 못하지만, 결합되어야 하고 결합을 위한 조건을 위해 투쟁이 필요하다. 이런 점에서는 **투쟁은** 발전을 위한 필수적인 조건이다. 투쟁이 없이 발전하려고 해서도 안 된다. 그러나 투쟁은 발전을 위한 조건을 마련하기 위해서다. 파괴를 위한 투쟁도 있기 때문에 투쟁 일반을 발전의 동력으로 봐서는 안 된다. 공통적인 것은 투쟁 자체로는 아무 것도 창조할 수 없다는 것이다. 새것을 창조하고 새로운 힘을 만들어내는 것은 오직 결합되어 협조하는 것이다. 될 수만 있으면 결합을 위해서도 싸워야 하지만 싸우지 않고 결합할 수 있는 조건이 있게 되면 물론 싸우지 말아야 한다. 싸움 자체는 아무 것도 창조하지 못하기 때문이다.

남북의 통일을 위해서도 반대하는 세력이 있다면 이를 제거해야 한다. 그렇지 않고는 통일이 안 된다. 평화주의자들이 대화를 말하지만 대화를 하자면 결합할 수 있는 조건이 구비되어야 한다. 어떻게 하면 결합되어 협력할 수 있겠는가 하는 것을 위해서 대화를 하는 것이다. 이해관계가 다른데 어떻게 대화부터 할 수 있겠는가? 1차대전, 2차대전이 대화로 해결되었는가? **대화**를 하는 것은 창조적 사업으로 쉬운 일은 아니다. 결합될 수 있는 객관적 조건을 마련한 다음에도 발전의 요구에 맞게 결합시켜서 협조하게끔 하는 것이 창**조적 노력**이다. 이것은 **투쟁**이다.

Ⅲ. (다양한)구성요소와 (협력의)결합구조에 관해

그러면 어떻게 할수록 발전된 존재로 될 수 있는가? **구성요소와 결합구조**에 관한 것이다. 구성요소가 다양할수록 좋다. 다양한 것이 협력할수록 더 좋기 때문이다. 다음에 협력하는 구조가 더 합리적이어야 한다. 구성요소와 결합구조가 높아갈수록 구성요소가 늘어나고 결합구조가 더 합리적으로 될수록 그 사물의 발전된 존재가 된다. 그렇게 되어 지면 자기를 보존하려는 성질과 자기를 보존하기 위한 운동능력이 발전하게 된다. 이것이 인간으로 보면 **생활력**이다. 생활력이 강화되면 다른 사물을 개조할 수 있다. 이렇게 되면 구성요소와 결합구조가 또 바뀔 수 있다. 남녀가 결합되면 출산도 할 수 있지 않은가. 다양한 것들이 결합되고서야 새로운 힘을 낼 수 있다. 그러므로 구성요소의 다양성과 그 수준을 높이는 문제를 확대하지 않으면 안 된다. 꼭 이 과정을 거쳐야 한다.

이를 오늘의 남북통일에도 적용할 수 있을 것이다. 결합구조와 구성요소가 준비되지 않은 것이다. 힘을 쓰는 방법이 **전략전술**인데 이것이 준비되어 있는가? 이런 것이 준비되어 있어야 한다는 **사상** 자체가 없다. 철학이 과거에는 자꾸 빈말만 하는 것으로 생각해서 세상을 물·불·공기로, 동양에서는 금·목·수·화·토로 오행으로, 음기·양기로 똑똑한 근거없이 그저 자기가 그때까지 안 것을 종합해서 가설을 세워 설명한 것에 불과하다.

이를 가지고 철학을 만들었는데 이것이 **형이상학**이다. 아리스토텔레스가 형상의 원인 운운하면서 이런 연구를 많이 한 사람이다. 공자는 이런 얘기를 하지 않았다. 이런 이상적인 질문을 하면 현실적인 것도 모르는데 그런 것을 묻느냐고 질타했다. 공자는 정직한 사람이다. 그런 것을 물을 필요도 없다. 네가 알 수 있는 것부터 알아라, 아는 것은 안다고 하고 모르는 것은 모른다고 하는 것이 아는 것이라고 하였다.

지금 헤겔철학이 무슨 소용이 있는가? 거기에 무슨 진리가 있는가? 맑스가 이를 본따서 『자본론』을 만들었다. 자본론 1권은 철학과 관련이 되어 여러 번 읽지만 2권, 3권은 지루한 것을 겨우 읽게 된다. 마지막 3권은 많이 읽었다고 해서 읽지만 공연히 읽은 기분이 든다. 그래서 내용을 요약해서 이해하면 된다.

역사가 축적되어 보다 더 보편적인 진리가 없겠는가 하고 탐구하는 것은 나쁜 것은 없는데 그러나 이는 어디까지나 가설이다. **변증법**을 두고 이제 우리의 인식이 자꾸 발전해나가게 되면 수정을 해가겠지만, 영구불변한 가장 일반적인 법칙으로 여겨서는 곤란하다. 변증법이란 발전에 관한 학설로 발전에 관해서는 가장 방정한 존재가 인간이고, 그렇기 때문에 **인간이 자기 운명을 개척해나가는 과정 자체가 가장 고급한 변증법이다. 그리고 인간이 발전하는 것만큼 변증법도 발전한다.**

Ⅵ. 인간중심변증법의 5가지 법칙을: 통일전략의 전략·전술로

지금부터 우리는 지금 통일전략에다 어떻게 적용할 것인가를 고찰해보도록 하자. 주체는 우리 한국인 것을 두고 통일할 때에 대한 양질의 법칙, 대립물의 통일의 법칙들을 비추어서 **인간중심의 변증법**을 토론해나가기로 하자. 다시 말해 양과 질에 관한 상호관계에 대해, 헤겔은 관념론자로서 양을 몰랐고 그래서 질로부터 시작한 질양의 법칙이다. 양질의 변증법으로 하는 것이 낫겠다. 양과 질에 관한 문제, 결국은 우리가 구성요소와 결합구조에서 따라나오는 주관적 성질에 관한 문제이다.

그것을 무엇으로 중심으로 해서 보아야 할 것인가 하면 인간을 중심으로 해서 보아야 한다. **인간이 물질적 존재인 동시에 정신적이고 생명적인 존재다.** 생명을 가지고 있고 정신을 가지고 있다는 것이 **인간의 특색**이다. 이 두 가지를 어느 것부터 발전시켜야 되겠는가? 또 발전시키기 위해서는 양적으로는 어떻게 해야 되겠는가? 양을 직접 육체적인 공동체인 것을 두고 결합시켜서 협조하는 것을 발전시키고, 이것이 **정치**다. 협조력을 강화해 나가는 것이다.

인간중심의 변증법을 요약해 보도록 하자. 인간중심의 변증법은 기존의 3가지 법칙에다 주체와 객체의 통일, 목적과 수단의 통일의 법칙의 2가지가 추가된다. 또 양질의 법칙도 막연한 양질의 법칙이 아니라, 시작은 인간발전에서 양과 질이 상호관계가 어떤 법칙을 가지고 있는가, 중요성이 무엇인가를 보아야 한다. 그래서 인간까지도 어떻게 발전되어 나왔는가를 해명하는 것으로 된다.

그리고 인간발전에서 **연속성과 불연속성**이 어떻게 되어 나가는가? 불연속적 존재가 개인적 존재이고 연속적인 존재가 집단으로서 개인과 집단의 관계를 해명하고, **계승성과 혁신성**의 관계를 해명하는 것이 그 다음이다. 대립물의 통일에 관한 문제는 논리적인 문제로 중요한 것은 투쟁과 협력을 어떻게 할 것인가 하는 문제를 다룬다. 이것은 방법에 관한 문제에 들어갈 것 같다. 이렇게 인간중심으로 변증법을 개조해 가면서 과거의 변증법에서 해명한 것들을 이용할 것은 이용하고자 한다.

지금부터 정부형태, 권력구조의 문제로 현재의 입법부·행정부·사법부의 3권(3부)에 이어 제4부로서 '지도사상부'를 설치하여 통일을 위한 평화헌법을 만들어 사상·정치대국을 이루는 민족사적 과제를 생각해보아야한다. 우리가 북보다 경제가 40배나 위이면서도 휘둘리는 것은 사상·이념문제를 소홀히 다루었기 때문으로 사료된다. 따라서 인간중심 민주주의의 이념당 건설로 이러한 '지도사상부'의 필요성을 역설 계몽을 해가는 것이 시대정신으로 떠오른다.

다음 4편에서 인간중심 민주주의의 이념당건설과 제4부로서의 '지도사상부' 권력구조에 대해 살펴보기로 하자.

제4부

지도사상부와 이념당 건설

제12장

평화통일을 위한 세계관: 인간중심철학의 존재론으로

Ⅰ. 유물론의 반영론에 대해

원래는 '민주주의'를 소개하고 다음에 '공산주의'를 소개하는 것이 순서인데 여기서는 함께 소개하기로 한다. 민주주의의 기본을 알아야 하기 때문에 진도를 조절할 필요가 있다. 진도에 관계없이 현강(玄江 황장엽)의 저술을 되풀이해서 읽어볼 필요가 있다(『민주주의와 공산주의』(서울: 시대정신, 2010)). 공산주의 비판의 문제도 민주주의와 관련해서 이해하여야 한다.

처음에는 잘 이해가 안가도 자꾸 읽어볼 필요가 있다. 처음에는 다 알 수가 없다. 제일 어렵게 공부하는 사람일수록 빨리 알게 된다. 같은 이야기를 해도 이해하는 데는 차이가 많다. 실제로 많이 생각하고 실천과 결부해서 생각하며 공부하는 사람하고, 그저 근성으로 공부하는 사람과는 전혀 딴 판이다. 힘들여서 공부해야 한다.

먼저 **맑스주의의 유물론**에 대해서 설명해보도록 하자. 맑스주의자들은 철학의 기본문제가 둘이라고 보았다. **하나는** 유물론인가 관념론인가? 어느 것이 진리인가? **둘째는** 사람이 진리를 인식할 수 있는가 없는가? 하는 것이다.

이 두 가지가 철학의 기본문제라고 보았다. 관념론은 정신을 기본으로 해서 보았다. 정신적인 것이 물질적인 것을 창조했다고 본다. 유물론은 물질이 먼저 있었고 물질로부터 정신이 나왔다고 한다. 정신의 기원문제, 물질의 기원문제이다. 어느 것이 먼저 있었는가 하는 것이다. 물질에서 정신이 나왔다고 하면 유물론에 속하고, 정신으로부터 물질이 나왔다고 하면 관념론에 속한다.

옛날에는 이것이 갈라지지 않았다. 사람들의 사상 수준이 낮다보니 세계에서 존재하는 것에서 가장 기초적인 것, 공통적인 요소가 무엇인가를 사고하게 되었다. 동·서양을 막론하고 물이다 불이다 라고 한 것은 다 같다. 동양에서는 2500년 전에 음양과 오행설이 있었다. 5가지 물질로 구현된다는 사상이다. 우리가 요일을 규정하는 금·목·수·화·토가 오행이다. 물(水)과 불(火)은 상극이다. 물은 음을 대표하고 불은 양을 대표한다. 양이 좀 많은 나무(木)가 불에 잘 타고 음이 좀 많은 것이 쇠(金)다. 木은 양기가 우세하고 金은 음기가 우세하다. 흙(土)은 중간이다. 이렇게 보아 6갑(육십갑자(六十甲子)의 준 말: 천간(天干) 10가지에 에 지지(地支) 12개를 순차로 배합하여 예순가지로 늘어놓은 것)이 나왔다. 이것으로 맞출 재간이 있는가? 아무리 맞추지 못해도 음·양 2항(項)이니까 절반은 맞춘다. 그래도 이것이 마음을 안정시킨다. 그러므로 옛날 사람들이 이를 이용했다.

희랍인들은 5행이 아니라 4가지로 보았다. 水, 土는 들어가는데 木과 金이 없는 대신에 공기를 넣었다. 처음에는 유물론과 관념론이 뚜렷하지 않았다. 점차적으로 갈라지면서 물질이 먼저 있었는가 정신이 먼저 있었는가를 따지면서 유물론과 관념론이 갈라지게 되었다.

정신을 대표하는 것은 신(神)인데, 신이 세계를 창조했다는 것이 **관념론**이고 동시에 **유신론**이다. **유물론**은 물질이 있었는데 물질이 발전하는 과정에서 정신이 나왔다고 생각하는 것이다. 그런데 맑스주의 유물론은 무엇을 주장했는가? 먼저 물질이 있었다. 물질이 발전하는 과정에서 두뇌가 생겼고 두뇌가 세계를 반영했다. **반영한 것이 정신이다. 반영은 그림자이다**. 거울과 같이 **그림자를 반영한 것이 지식이고 지식이 정신이다**. 그렇기 때문에 정신이라고 하는 것은 물질의 반영이다. 이것이 **반영론**이다.

그리고 맑스주의자들이 발전시켰다고 하는 것이 무엇인가? **단순한 반영이 아니다. 반영한 것이 반작용을 한다. 사람을 통해서 반작용을 한다. 이것을 발견했다는 것이다.** 머리에서 맛있는 것을 가지게끔 인간을 추동하여 반영을 하는데 이러한 반작용을 발견하였다는 것이다. 지금까지는 자연을 유물론적으로 해석했는데 인간의 정신과 역사에 대해서는 유물론적으로 해석을 못했는데, 이를 맑시스트들은 역사까지도 유물론적으로 해석하게 되었다는 것이다. 이를 처음으로 해결했다는 것이다.

그래서 이것은 유물론으로 물질이 처음부터 있고서 그 물질이 변화 발전해서 정신이 나왔다고 하는 것, 발전의 사상과 유물론을 결부시켰다고 하는 것을 그들은 유물론과 변증법을 결부시켰다고 말하는 것이다. **변증법**이란 발전의 사상인데 과거에는 유물론이 있었지만 **변증법적 유물론**이 못되었다. 그러나 맑스주의는 맑스주의를 변증법과 결부시켜서 발전하는 물질세계를 설명하겠다고 주장한다.

Ⅱ. 운동의 원인은: 자기를 보존하는데 있다

17C에 영국에서 대표적인 철학자가 **베이컨**이다. 논리학에서 말하게 되면 귀납법을 새로 제기한 사람이다. 프랑스에서는 **데카르트**이다. 조금 젊었지만 데카르트는 철학자인 동시에 수학자이다. 기하학을 대수로 푸는 대수기하학을 창시한 사람이다. 말하자면 철학자인 동시에 과학자다. 그런데 자연현상에 대해서는 과학적으로 유물론적으로 생각하는데 인간에 대해서는 유물론적으로 생각하지 못했다.

여기에 유명한 얘기가 있다. 내가 존재한다는 것은 내가 생각하기 때문에 존재한다는 것이다. 나란 무엇인가? 손인가, 발인가, 육체인가, 오장육부가 나인가 아무리 보아도 나란 것이 그런 것 같지가 않다. 나란 것이 무엇인가를 두고 계속해서 고민했다. 그런데 나의 존재를 생각하면 할수록 자신의 존재가 뚜렷해졌다. 그래서 결론을 내린 것이 "나는 생각한다. 그러므로 나는 존재한다".

이렇게 철학자란 것이 우둔하다. 내가 엄연히 존재하는 것을 두고 존재한다고 하면 될 것을 나란 것이 무엇인가? 손인가 발인가 머리인가 생각하는 것이 정신을 가지고 있다는 말이다. 생각하기 때문에 내가 있구나. 나의 욕망, 내가 행동하는 모든 목적을 세우는 정신이 하늘에 있다며 인간을 정신적 존재로 보았다. 그런데 역사적으로 볼 때에는, 인간창조의 역사를 두고는 관념론적으로 보았다. 맑스주의가 나오기 전에는 역사가 다 관념론이었다. **유물론자들도 역사에 대해서는 다 관념론자였다**. 데카르트도 유물론자인데 역사에 대해서는 관념론자이다. 역사에 대해서 유물론적으로 보기 시작한 것은 맑스주의이다.

그래서 한때 맑스주의의 유물사관은 젊은이들에게 대단한 감동을 주었다.

과거의 관념론 역사하고 딴판이기 때문이다. 지금에 와서 보게 되면 결함이 많다는 것을 깨닫게 되지만 당시의 관념론적 역사관과 비교할 때는 대단한 학문으로 받아들였다. 이 문제는 **유물사관**을 공부하면 잘 알 수 있다.

물질이 존재한다. 객관적으로 존재한다. 이것은 거의 의심할 바 없다. 사람은 다 밥을 먹어야 사는데 밥이 객관적으로 존재한다는 것은 구체적으로 밥을 먹어야 산다는 것은 사실인데 아무리 관념론자라도 관념으로 살 수는 없다. 실제로 물질을 먹고야 산다.

그런데 여기서 맑스주의 **유물론**과 인간중심정치철학에서의 **인간론**과는 무엇이 다른가? 생명이라든가, 정신이라든가 하는 것이 어디서 나왔는가 하는 것이다. 이를 맑스주의는 해결하지 못했다. 인간중심철학이 처음으로 해결하였다. 무엇으로 출발점으로 해결하였는가? 사람을 중심으로 한 것이다. 제일 발전된 존재가 사람인데 육체와 함께 정신을 가지고 있다. 이것을 기준으로 해서 물질은 다만 객관적인 존재성으로 봐서는 안 된다는 것이다.

정신과 물질에 관한 문제를 이해하는 데서 출발점이 무엇으로 되어야 하겠는가? 인간이다. 다른 존재하는 것들은 정신적인 것하고 물질적인 것하고 같이 있는 것이 없다. 인간에서만 정신적인 것과 물질적인 것이 있다.

객관적으로 존재한다는 객관적으로 존재할 뿐 아니라 거기에는 자기를 보존하려는 주관적 속성이 있다. 거기 어디서 나타나는가? 인간에게서 나타난다. 인간은 육체를 가지고 있을 뿐만 아니라 자기 생명을 보존하려는 성질을 가지고 있다. 우리가 먹고 행동하고 하는 원인은 자기를 보존하는데 있다. 더 잘 보존하려는 것이 **발전**하는 것이다. 그런데 이는 발전수준이 낮을수록 약화된다. 그러나 모든 사물은 존재하고 운동하는 것은 대체로 인정한다. 가장 발전된 인간에게 있어서는 인간은 객관적으로 존재할 뿐만 아니라 생명을 가지고 있어서 **생명의 연장이 정신으로 자기를 보존하려는 성질을 가지게 된다**.

맑스주의는 물질적인 존재가 객관적으로 존재한다는 것만 인정했고 또 운동하는 것만 인정했지 **운동의 원인이 자기를 보존하는데 있다는 것을 인정하지 않았다**. 주관적인 것은 객관적인 것의 반영으로만 생각했다. 먹겠다는 욕망이 무엇의 반영인가? 무엇의 반영이 아니라 인간의 생명의 요구이다. 무엇을 먹겠다는 것이 자극은 되지만 육체 자체가 자기보존을 위하는 성질이 있기 때문에 먹게 되는 것이다. 어린 아이는 의식이 없다. 의식이 없어도 본능적으로 젖을 빨게 된다. 자기를 보존하려는 것이다. 동물, 식물 다 마찬가지다.

물질이 결합되어 협조할 때만 발전이 있다. 결합되어 협조하게 되면 자기보존성이 강화되고 자기보존을 위해 운동을 하게 되는데 운동을 위한 주동성과 능동성이 자꾸 강화된다. 이렇게 되어 **10억년 동안에 걸쳐서 겨우 생겨난 것이 주동성과 능동성의 강화로 생명체가 출현하게 된다**. 어느 때에 가면 주동성과 능동성이 생명체를 갖게 되면 자기를 **복제**해서 **동화기능**과 더불어 **생명체**가 나오게 된다.

생명체가 나와서 이것이 자꾸 결합되어서 생명체의 능력이 즉 주동성과 능동성이 자꾸 강화되어서 마지막에는 인간도 출현하게 되었다. 인간은 다만 자연이 주는 것을 먹는 것이 아니라 자기가 개조해서 먹을 것을 만들어 낸다. 여기서 **인간은** 자연의 한 부분인 동시에 자연과 운명을 같이 하는 것이 아니라 **자기 자신의 힘으로 발전해 나갈 수 있는 자주적 존재가 된다**. 이것은 물질 발전에서 거대한 **역사적 사변**이다. **물질세계에서 인간이 발생했다는 것은 위대한 사변**이다. 인간의 출현에 40억년의 진화과정이 걸렸다는 것이다.

Ⅲ. 인간이란?: 자기 자신의 힘으로 발전해 나갈 수 있는 자주적 존재

여기서 인간은 객관적 물질적인 존재인 동시에 생명과 정신을 가진 주관적인 존재인 것이 명백해진다. 맑스주의자들은 객관적인 존재 하나만 주장했다. 관념론자들은 주관적인 존재하나만 주장했다. **정신과 물질이 같이 존재해야 한다는 것을 몰랐다**. 주관성과 객관성이 모든 존재에 같이 있는데, 가장 발전된 인간에게서 뚜렷하게 나타난다. **이것이 인간중심정치철학의 존재론이다.** 따라서 인간중심철학은 종래의 유물론도 아니고 관념론도 아니다.

우리가 조국을 통일하여야 한다. 그 마음만으로도 대단한 것이다. 평화통일을 위한 마음의 준비를 어떻게 할 것인가? 그런 정신적 준비를 어떻게 할 것인가? 조직적인 준비를 어떻게 해야 할 것인가? 이런 문제가 다 **세계관**과 관련된 문제이다.

싱가폴에서의 북·미 정상의 6·12회담이후 북의 비핵화와 미의 제재해제의 병행으로 종전이 선언되고 휴전협정이 평화협정으로 바뀌면서 평양에 미국대사관이 개설될 것이라는 보도가 있었다. 문제는 미국의 요구인 CVID(completely varifiable irreversible dismantlement)와 북한의 요청인 CVIG(completely varifiable irreversible government)를 수립하는 일이 어떻게 해결되는가에 달려있다. 아울러 우리는 대한국토의 민족통일을 평화적으로 이루어가기 위해서는 궁극적으로 세계관 정립이 수반되어야 하는 것임을 유의해야 할 것이다.

제13장

왜 이념당 건설인가?: 통일 민족국가 수립을 위해

Ⅰ. 자주적인 사상문화로 민주주의 정치건설을

우리시대는 민주주의를 지도이념으로 하여 발전하고 있는 민주주의 시대다. **민주주의의 위대한 생명력은** 민주와 반민주가 첨예하게 대립되어 있는 한반도에서 뚜렷하게 나타나고 있다.

우리 남·북한 민족은 수천년 동안 운명을 같이 하여 온 단일민족이었으나 1945년 8월, 제2차 세계대전의 종말을 계기로 남과 북으로 갈라져 서로 상반되는 체제 속에서 각자의 길을 걷게 되었다. 북한은 소련식 사회주의의 로선을 따라가고 남한은 미국식 자유민주주의의 길을 따라 가게 되었다.

그 결과 오늘날 북한은 기아와 빈궁, 인권유린이 지배하는 나라로 전화되었으며, 이에 비해 남한은 민주주의의 생활이 꽃피는 지상낙원으로 눈부신 발전을 하게 되었다. **남과 북의 이와 같은 천양지차(天壤之差)의 근본 원인**은 민주와 반민주 간의 차이에 있다는 것이 입증되고 있는 것이다.

그런데도 최근 몇 년간 친북반미의 경향이 급격히 성장하고 있는 것은 북한 독재집단의 사상적 남침이 성과를 거두고 있다는 실증으로 되며 그것은 한국의 민주주의를 마비상태로 이끌어가고 있다는 명백한 증거이기도 하다.

한국은 미국과의 민주주의 동맹에 기초하여 비약적인 국가발전을 이룩하였으며 국제적으로 높은 위상을 달성하게 되었다. 미국과의 동맹에 가장 충실하던 한국 땅에서 어떻게 하여 뜻밖에도 예상하기 힘든 친북반미 세력이 득세하게 되었는가? 여기에는 물론 북한의 끈질긴 대남 정책과 그 동맹국인 중·러의 위력의 급격한 성장과 같은 외적 요인도 작용하고 있지만 **기본원인은 한국 자체 내에서 찾아야 할 것이다.**

한국사회의 가장 심각한 약점은 "한강의 기적"으로 불리는 비약적인 경제발전에 비하여 **민주주의적 사상문화와 민주주의적 정치문화**가 뒤떨어져 있다는 것이다. 경제는 외자도입과 선진기술의 도입 등 유리한 외적 요인에 의하여 급속히 발전할 수 있지만, **사상문화와 민주주의 정치발전**은 그 나라

국민 자체의 자질 향상을 떠나서는 생각할 수 없다.

한국에서는 **자주적인 사상문화** 건설과 **민주주의 정치건설**의 역사가 짧다 보니 민주주의적 문화와 정치의 주인으로서의 국민의 자질을 높이는 것이 경제발전에 비하여 뒤떨어지게 되었다 이러한 상황에서 소련 사회주의 체제의 붕괴와 냉전의 종식은 한국인들을 승리에 도취되게 만들었다. **대실패의 다음가는 위험은 대성공이라는 격언**이 있다.

한국의 지식인들과 정치인들은 승리에 자만 도취하여 안일 해이해진 나머지 적·아를 구분하는 분별력마저 마비되었다. 그 결과 한국에서 친북반미 세력이 급격히 장성하는 불행한 사태가 빚어지게 되었다. 한국에서 일어나고 있는 이러한 반민주적 사태변화가 한국의 운명에 치명적인 타격을 줄 수 있는 엄중한 사변임에도 불구하고 한국인들은 사태의 엄중성을 자각하지 못하고 있다.

이것은 오늘날 미국, 일본을 비롯한 발전된 우방들에게서도 경제발전에 비하여 민주주의적 사상문화와 정치가 상대적으로 뒤떨어진 탓으로 국민들이 민주주의 이념으로 단결하여 반민주세력에 대처하지 못하고 있는 사정과 관련되어 있다.

II. 개인중심의 민주주의와 집단중심의 민주주의의 통일

원래 민주주의는 처음에 개인중심의 민주주의(개인주의적 민주주의)로부터 시작되었다. 인간은 개인적 존재의 면과 집단적 존재의 면의 양면을 가지고 있다. 모든 개인이 각각 특색있는 자기 생명을 지니고 자기의 생존활동을 진행한다는 점에서 인간을 개인적 존재라고 볼 수 있다.

그러나 인간은 고립된 개인으로서는 태어날 수도 없고 대를 이어 생존 발전할 수도 없다. 인간은 사회적으로 결합되어 집단적으로 운명을 같이 해나감으로써만 자주적으로 창조적으로 살 수 있으며 대를 이어 끝없는 생존과 발전을 실현할 수 있다. 이 점에서 **인간은 사회적으로 결합된 집단적 존재**라고 볼 수 있다.

인간을 개인적 존재로 보는가, 집단적 존재로 보는가에 따라 개인중심의 민주주의(개인주의적 민주주의)와 집단중심의 민주주의(집단주의적 민주주의)로 갈라지게 된다. 개인중심의 민주주의는 개인의 생존과 발전을 보장하는 것을 인간의 생존활동의 기본목적으로 인정하고 이 목적을 실현하는 데서 집단의 존재와 역할을 필수적 요인으로 간주한다.

이와는 달리 집단중심의 민주주의에서는 집단의 생존과 발전을 보장하는 것을 인간의 생존활동의 기본 목적으로 인정하고 이 목적을 실현하는 데서 개인의 존재와 역할을 필수적 요인으로 간주한다.

개인의 생존문제를 해결하고서야 집단의 생존 문제에 관심을 돌리게 되며 당면한 현재의 삶의 욕망을 실현하고서야 미래의 삶의 욕망 실현에 대하여 생각하게 되는 것이 인간의 삶의 욕망 실현의 일반적인 원칙이다. 그러므로 민주주의가 개인의 생존의 발전을 보장하는 개인중심의 민주주의로부터 출발한 것은 자연스러운 일이라고 볼 수 있다.

그러나 개인중심의 민주주의는 개인의 삶의 요구와 이해관계를 위주로 하고 집단의 삶의 요구와 이해관계를 도외시하는 일면성을 가지고 있다. 자본주의 사회는 개인중심의 민주주의를 일정한 역사 발전 단계에서 구현한 민주주의사회의 한 형태이다. 자본주의 사회는 그것이 개인중심의 민주주의를 구현하고 있는 것으로 하여 인류 역사 발전에 위대한 기여를 하였다.

그러나 자본주의적 민주주의에 의하여 달성된 경이적인 사회 발전의 성과는 오늘날 인류 앞에 개인중심의 민주주의의 일면성을 극복하고 **민주주의를 개인과 집단의 이익을 다 같이 조화롭게 실현할 수 있는 보다 고차원의 민주주의로 발전시켜야 할 역사적 과업을 제기하고** 있다.

이와 관련하여 소련식 사회주의의 실패와 마르크스주의자들이 범한 과오는 민주주의 발전의 올바른 길을 찾는데 귀중한 역사적 교훈이 된다. 만일 마르크스주의를 지도적 지침으로 하는 **소련식 사회주의의 실패의 역사적 교훈이 없었더라면 아마 우리는 오랫동안 사회주의와 자본주의의 대립의 본질이 무엇이며 민주주의가 개인중심의 민주주의와 집단중심의 민주주의의 양면을 가질 수 있다는 진리를 깨닫지 못하였을 것이다.**

마르크스주의자들은 자본주의적 민주주의 제도가 구현하고 있는 개인중심의 민주주의의 일면성의 결함을 과대평가하는 나머지, 자본주의적 민주주의의 위대한 역사적 업적을 무시하고 그것을 계급사회의 연장으로 규정하였으며 폭력적으로 타도할 것을 주장하였다. 그들은 자본주의 사회는 반드시 온갖 계급적 불평등이 제거되어 다 같이 잘 살 수 있는 사회주의사회로 교체되어야 한다고 주장하였다.

그러나 마르크스주의자들은 **인간이 개인적 존재로서의 특성과 집단적 존재로서의 특성의 두 면**을 가지고 있다는 **인간 존재의 기본 특정**에 응당한 주목을 돌리지 못하였으며, 다 같이 살 것을 요구하는 집단주의 역시 개인주의와 마찬가지로 인간의 본성적 요구의 양면을 포괄하지 못한 일면성을 가지고 있다는 사실을 알지 못하였다.

그들은 자기들이 주장하는 사회주의가 바로 계급주의와 결부된 집단주의적 민주주의의 한 형태라는 것을 깨닫지 못하고 있었다. 그들은 개인중심의 민주주의와 집단중심의 민주주의의 일면성을 어떻게 극복하고 민주주의를 보다 높은 단계로 발전시킬 것인가에 대하여는 생각을 못하고 개인중심의 민주주의를 계급적으로 적대시하고 집단중심의 민주주의적 요구를 계급독재의 강제적 방법으로 실현하려는 엄중한 과오를 범하였던 것이다.

그러나 소련식 사회주의와의 대결에서 자본주의적 민주주의의 체제의 승리를 집단주의에 대한 개인주의의 종국적 승리로 생각하는 것은 잘못이다. 인간의 개인적 존재의 측면과 결부된 개인주의 사상과 인간의 집단적 존재의 측면과 결부된 집단주의 사상은 결코 없어질 수 없으며 **양자는 대립물의 통일로서 영원히 남아 있게 된다.**

III. 민주주의 평등의 원칙: 사회관리의 권리와 의무의 통일을

소련식 사회주의 체제와의 경쟁에서 승리하였다 하여 자본주의적 민주주의를 절대화하고 그 일면성을 극복하기 위한 노력을 포기한다는 것은 집단주의적 독재를 부활시키고 민주주의의 새로운 위기를 불러오는 엄중한 과오를 범하는 것이 될 것이다.

개인중심의 민주주의(자본주의적 민주주의)를 보다 더 **고차원의 민주주의**

로 발전시키는 방법은 무엇인가? 그것은 개인중심의 민주주의를 집단중심의 민주주의로 교체하는 것이 아니며 어느 한편에 다른 한편을 완전히 흡수하여 포섭하는 방법도 아니다.

그것은 **개인중심의 민주주의를 계속 발전시키면서 조건이 성숙됨에 따라 집단중심의 민주주의의 요구도 실현해나가는 것**이다.

개인의 이익과 사회적 집단의 이익이 일시적으로, 부분적으로는 대립되어도 근본적으로는 일치되는 것처럼 개인중심의 민주주의와 집단중심의 민주주의는 근본적으로는 일치된다. 그것은 양자가 다 같이 특권없는 일반 국민들이 국가와 사회의 공동의 주인의 지위를 차지하고 주인으로서의 책임과 역할을 다해야 한다는 **주권재민의 원리**를 기본이념으로 삼고 있기 때문이다.

주권재민의 이념에 맞게 개인중심의 민주주의를 개선해 나가는 것만으로도 개인중심의 민주주의의 일면성을 극복하고 민주주의를 보다 높은 단계로 발전시키는 문제해결에서 전진을 이룩할 수 있다.

민주주의적 권리와 의무의 통일은 일찍이 프랑스혁명의 이론지도자인 **아베 시에예스 『제3신분이란 무엇인가?』**에서 제3계급(신분)인 평민은 사회관리의 노동력은 그들이 모두 제공하면서 사회를 관리할 권리는 제1신분인 승려와 제2신분인 귀족이 독점하는 것을 두고 사회관리의 권리와 의무의 통일을 주장하였다. 150년 전의 3부회의가 프랑스혁명이 일어나면서 처음으로 열려 국민의회가 되었다.

여기서 우선 민주주의적 권리와 민주주의적 의무를 **일치**시키는 것이 중요한 과업으로 제기된다. 민주주의는 노력없이 저절로 얻어진 것이 아니라 민주주의적 생존방식을 수립하기 위한 장기간에 걸친 인간의 간고한 투쟁의 결실이다. 따라서 민주주의적 권리를 향유하려면 마땅히 이에 상응한 의무를 부담하여야 한다.

권리와 의무는 뗄 수 없는 **대립물의 통일**이다. 의무가 동반되지 않는 권리는 참다운 권리가 아니다. 어떤 사람은 권리만 향유하고 어떤 사람은 의무만 지니게 되는 것은 민주주의적 평등의 원칙에 근본적으로 배치되는 이기주의적 특권 현상이라고 볼 수 있다.

민주주의적 평등의 원칙은 **민주주의 원칙의 핵심**이라고 볼 수 있으며 그것은 곧 사회적 정의의 원칙인 것이다. **사회적 정의의 원칙**은 사회공동의 이익을 유일한 기준으로 하여 모든 사물의 가치를 공정하게 평가해주고 온갖 형태의 이기주의를 부정하는 원칙이다. 민주주의적 평등의 원칙, 사회적 정의의 원칙에 의거하여 민주주의적 권리와 민주주의적 의무를 일치시키며 사회공동의 이익에 기여하는 것만큼 평가해주는 사회적 질서, 법적 질서를 확고하게 세우면 자본주의적 민주주의의 일면성을 극복하는데서 큰 성과를 거둘 수 있다.

민주주의적 권리와 의무를 일치시키는 문제는 개인과 개인 관계에서도 필요하지만 개인과 사회적 집단 간의 관계에서 더욱 중요한 의의를 갖는다.

개인은 고립적으로는 살 수 없고 사회적 집단의 보호와 협조 밑에서만 사회의 주인으로서 자주적인 삶을 누릴 수 있다. 그러므로 개인은 국가와 사회의 공동의 주인으로서 마땅히 사회의 공동의 이익을 옹호하고 그것을 실현하기 위하여 사회적으로 적극 협조해 나갈 의무가 있는 것이다. 모든 개인들이 이러한 의무를 충실히 지키게 되면 사회공동의 이익을 경시하는 개인중심의 민주주의의 일면성을 극복하는데 큰 도움이 될 수 있다.

오늘날 일부 사람들은 자유를 타고난 팔자처럼 여기면서 자유롭게 살 권리만 요구하고 사회적 의무를 거부하는 자유방임주의로 나가고 있다. 이같은 현상은 극단적 이기주의의 표현이라고 볼 수 있다.

자유방임주의는 사회정의의 원칙과 근본적으로 배치되는 이기주의의 표현이므로 용납될 수 없다. 또한 **집단이기주의**도 사회공동의 이익과 배치되는 비민주주의 현상이다. 자기들이 담당하고 있는 사회적 의무를 포기하는 불법적인 파업이나 지방 본위주의적 이해관계를 고집하는 집단적 거부운동 같은 것은 다 사회적 정의의 원칙, 민주주의적 평등의 원칙에 배치되는 집단이기주의 현상으로서 허용될 수 없다.

민주주의적 평등의 원칙과 사회적 정의의 원칙은 집단중심의 민주주의에서도 생산력이 고도로 발전될 때까지는 불가피하다는 조건부로 인정하고 있다.

주권재민과 인권옹호의 민주주의의 기본이념에 기초하여 민주주의적 평등의 원칙과 사회적 정의의 원칙을 철저히 실생활에 구현해 나가도록 하는 것이 필요하다. 또한 민주주의적 평등의 원칙, 사회적 정의의 원칙에 따라 개인들의 역할을 공정하게 평가해 줌으로써만 개인들을 사회적 협조의 방향으로 이끌 수 있다. 이러한 견지에서 사회적 운동을 힘있게 추동하는데 있어서는 **사랑의 원칙**보다 개인의 창조적 적극성을 발휘하도록 **정의의 원칙**을 관철시키는 것이 더 중요하다고 볼 수 있다.

Ⅳ. 사랑의 원리(집단의 협력)과 정의의 원리(개인의 창조성 발휘)의 연결을

사랑의 원리가 인간의 집단적 존재성과 결부되어 있고 정의의 원리가 인간의 개인적 존재성과 결부되어 있는 만큼 **민주주의가 완성되려면** 두 원리를 다 같이 구현하지 않으면 안 된다. 양자를 어떠한 방법으로 결합시킬 것인가 하는 문제는 해당시기와 해당사회의 구체적 실정에 맞게 해결해야 할 것이다.

인간에게 있어서 개인적 존재로서의 생존발전과 집단적 존재로서의 생존발전은 다 같이 중요하다. 그러나 인간의 사회발전을 위하여서는 개인들의 창조적 역할을 높이는 것을 앞세우는 것이 필요하다는 점을 고려해야 할 것이다.

개인은 자기의 생존과 발전을 위하여 **창조적 역할을** 할뿐 아니라 집단의 생존과 발전을 위하여서도 **협조하고 협력한다.** 사회적 운동의 주체는 사회적 집단이라고 볼 수 있지만 사회적 집단을 구성하고 있는 개인을 발동시키지 않고서는 사회적 집단의 협력이 실현될 수 없다. 민주주의적 평등의 원칙, 정의의 원칙에 따라 개인들의 역할을 공정하게 평가해 줌으로써만 개인들을 사회적으로 협조에로 발동시킬 수 있다.

정의의 원리와 사랑의 원리는 밀접히 연결되어 상호제약하고 의존하고 있지만, 인간의 창조적 역할을 높이기 위해서는 정의의 원리를 앞세워야 하며 정의의 원리의 관철에 기초하여 사랑의 원리가 실현되도록 하여야 한다.

사랑의 원리를 정의의 원리보다 앞세우는 것은 소비를 생산보다 앞세우는 것과 같은 부정적인 결과를 초래할 수 있을 것이다. **소련식 사회주의 체제 붕괴의 중요한 역사적 교훈은** 민주주의적 평등의 원칙, 사회적 정의의 원칙을 앞세우지 않고 다 같이 잘 살아야 한다는 **집단주의적 평균주의**를 실현하려고 하면 다 같이 못 살게 된다는 것을 확실하게 보여준 것이다.

그러므로 집단중심의 민주주의에 고유한 **평균주의와 사랑의 원리**는 민주주의적 평등의 원리와 정의의 원리를 구현하는 사업을 앞세우는 조건에서 사회적 집단의 공동의 요구를 실현할 수 있는 가능성이 성숙함에 따라 그 수준에 맞게 실현해 나가도록 하여야 할 것이다.

한국이 기적적인 발전을 이룩한 비결이 민주주의에 충실히 의거한데 있다는 것은 의심할 바 없다. 오늘 한국의 민주주의는 새로운 발전단계에 들어서고 있으나 뜻하지 않은 시련을 겪고 있다. 최근 연간 친북반미 경향이 급격히 장성하고 있는 것은 북한독재집단의 집체주의의 사상적 공세가 성과를 거두고 있다는 실증으로 되며 그것은 한국의 민주주의를 마비 상태로 이끌어가고 있다. 그러나 한국 국민들은 한국의 민주주의에 침습하고 있는 병마가 한국의 운명에 얼마나 큰 위험이 되는가에 대하여 올바른 진단을 내리지 못하고 있다. **더구나 한국의 민주주의의 병을 스스로 고쳐나가야 할 정당들 자체가 심각한 병마에 오염되어 있다.**

Ⅴ. 인내천(人乃天)에 기초한 민주주의 이념당 건설을

오늘날 자본주의 나라 정당들은 민주주의의 이념과 사상으로 굳게 무장되어 민주주의 이념을 더욱 더 구현하기 위하여 경쟁하는 **인간중심의 민주주의 이념당**으로 되지 못하고 여론에 영합하여 득표에만 몰두하는 정치적 파벌 집단으로 변질되고 있다. 이런 결과로 고차원의 민주주의 이념에 기초한 민주주의 나라들의 국제주의적 연대성도 약화되고 있다.

소련을 선두로 하는 국제 공산독재 체제와의 냉전시기에는 미국이 주도하는 민주주의 진영의 사상적 입장도 견결하고 국제주의적 연대성도 강하였다. 그 결과 어려운 시련을 이겨내고 민주주의의 위대한 역사적 승리를 쟁취할 수 있었다.

그러나 승리에 자만 도취한 민주주의 진영은 투쟁대상을 제대로 보지 못하는 허울뿐인 동맹으로 전락되어 나라를 적에게 넘겨줄 수도 있는 위험한 상태에 스스로 접근해가고 있다. 이와 같은 위험성은 막강한 군사력을 가진 북한과 그의 거대한 동맹자의 압력 밑에 **친미반공** 기지로부터 **반미연공** 기지로 전환되고 있는 한국에서 가장 심각한 상태에 처해 있다고 볼 수 있다. 그러나 사태를 비관만 하는 것은 병을 고치는데 도움이 되는 것이 아니라 신심을 약화시키는 부정적 요인이 될 수밖에 없다. **사상적 병에는 사상적으로 깨닫게 하는 것이 첫째가는 명약이 된다. 잘못 생각하는 정신적 병은 병의 원인을 깨닫는 것만으로도 절반은 고쳤다고 볼 수 있기 때문이다.**

민주주의의 귀중성을 진심으로 생각하고 고수하려는 한국의 참다운 지식인들과 정치인들은 마땅히 한국 국민들에게 민족통일과 세계의 민주화를 위해서 **민주주의의 발전의 올바른 길**을 밝혀주고 그들 속에서 **인내천(人乃天)의 민주주의에 기초한 애국적이며 국제주의적인 양심을 불러일으키기 위하여 전력을 다하여야 한다.** 그러기 위해서는 겸허하게 **민주주의를 다시 연구, 학습하는 운동에 앞장서야 할 것이다.**

우리가 인간중심정치철학에 근거하여 민주주의 이념당 건설로 제4 지도사상부를 수립하여 민주주의에 대한 개념을 재정립하며 참다운 민주주의의 발전을 위한 실천운동에 힘과 지혜를 합쳐 나갈 것을 호소하는 이유가 여기에 있다.

제14장

왜 이념당 건설인가?: 발전된 민주주의를 위한 3가지 사상문제

민족의 평화통일과 평화로운 세계일가 건설을 위해서는 인간중심의 민주주의 이념당을 창당하여야한다. 여기 이념당 건설에는 3가지 사상문제가 있다. 인간중심철학을 중심으로 정리해보도록 하자.

Ⅰ. 이념당 건설의 3가지 사상문제

첫째로 인간관으로 인간은 자유로운 존재라는 것을 먼저 알아야 한다는 것이다. 그런데도 사람의 본질적 특징을 맑스주의자들은 사회적 관계의 총체라고 했다. 사회적 관계의 총체를 경제 관계로만 보았다. 즉, 정치관계라든가 문화관계는 경제관계에서 파생된 것으로 보는 것이다. 진정 사회관계라는 것은 경제관계 밖에 없다고 본 것이다. 그렇기 때문에 사회적 관계의 총체라고 할 때 인간의 본성(인간관)이라고 하는 것은 생산관계만 본 것이다. 생산관계의 총체로 본 것이다.

이는 「임금노동과 자본」이라는 조그만 팜플렛트에서 맑스가 직접 사회적 관계란 경제관계라고 했다. 우리가 생각하는 것처럼 정치적 관계, 사회, 경제, 문화, 제도 등을 생각하는 것이 아니라 생산관계, 경제관계만 염두에 둔 것이다. **인간은 필연적 법칙에 의해서 좌우되는 존재가 아니라 자유를 가지고 있는 존재이다.**

맑스주의자들은 인간에게는 자유가 없다는 것을 자꾸 증명하려고 했다. 인간에게 자유가 있다고 하게 되면 자연과학과 같은 사회과학이 성립되지 않는다고 보았다. 사회과학도 자연과학과 같이 무조건 필연적인 법칙에 의해서 지배되는 과학으로 만드는 것을 필생의 과업으로 내세웠다.

그러므로 사람들이 이렇게 자유롭게 활동하는 것 같지만, 그 실지는 인식적으로 활동하는데 그 인식이 객관적 세계의 반영이다. 종국적으로 사람의 활동을 규정하는 것은 객관적인 조건이다. 이렇게 해서 필연적인 법칙에다 귀착시키자고 했다. 우리는 그것이 아니다. 인간이 가장 발전된 존재이다. 그래서 이 발전된 존재가 자주성, 창조성, 협조성을 가지고 세계를 개조해 낼 수 있고 세계의 주인이 될 수 있다고 보는 것이다.

고전 역학같은 데서는 다 원인이 있으면 결과가 있다는 인과율이라고 하는 것이 절대적인 것으로 얘기되고 있다. 원인이 있게 되면 결과가 반드시 있다. 그 말은 결국은 일정한 원인에 의해서 세계가 발전되어 나간다고 하는 것이다. 원인이 있으면 결과가 있다는 것이 명백한가? 이것이 **인과율**이다. **칸트**가 이는 선험적으로 하나의 공리로서 우리가 인식하는 것이라고 했다. 필연적이다. 자유를 인정하지 않은 것이다. 칸트는 자유가 있는가 없는가는 모르겠다고 했다. **자유는 필연을 인식하는 것이라는 허황한 소리**를 했다.

실제로 인간은 자꾸 발전하기 때문에 인간이 자유로운 존재로 된다고 하는 인간의 자율성을 인정하지 않았다. **고전역학**에서는 다 이런 식으로 생각했다는 것을 참고로 할 필요가 있다. 요즈음 양자역학에서는 이를 부인한다. 그러다보니 자꾸 논쟁이 일어난다. 인과율 그대로는 안 된다고 했다. **양자역학**에서는 양자(소립자)가 조그만 하고 발전된 존재도 아니지만 계속 천착해 들어가니 원인에 따라서 결과가 나온다고 하는 방식대로만 되지 않는다는 것이다. **불확정성의 원리**가 나오게 된다. 확정할 수 없다는 것이다.

인간은 창조성을 가지고 있기 때문에 자유를 가지고 있다. 자유가 자꾸 늘어난다. 법칙을 알았다고 해서 자유가 생겨나는 것이 아니다. 인간 자체가, 물질세계 자체가 필연성과 우연성, 자유와 필연이 결합되어 있는데, 가장 발전된 존재는 주동성과 능동성이 강하기 때문에 그런 자유가 있다. 그것을 맑스주의자는 보지 못했다. 자연과학만 하면 증대되는 자유를 보지 못하고 필연성만 보려고 한다.

그러므로 **인간의 본질적 특징**을 규명한다고 하는 것이 이렇게 인간의 운명개척에서 대단히 중요한 의의를 가진다. 그러니까 변증법도 가장 일반적인 원리다. 주체역할을 도외시한 변증법은 변증법이 아니다. 이렇게 주장하는 것도 인간중심철학에서 처음으로 했다. 그렇게 해서 주체의 역할에 대한 일반적 특징도 고치고 그 다음에 사람의 본질적 특징도 밝히게 된다. 이것은 계속 발전하는 것이다. 그런 규정 하에서만 인간의 운명 상호관계에서 인간의 운명을 어떻게 개척해나가는가 하는 것을 밝힐 수 있게 되었다.

그래서 이제는 우리가 국가를 기본단위로 하는 민주주의로부터 세계인민을 단위로 하는 민주주의로 나아가게 되면 결국은 세계를 대상으로 하는 민주주의로 발전하게 된다. 그러므로 세계와 인간과의 관계, 세계와 인류와의 상호관계를 알지 않고는 자기 운명에 대해서 똑똑한 인식을 가질 수 없다. 그런 이념, 그런 철학을 가져야 국경이 없이 전 인류가 사상적인 공통성을 가질 수 있다. 민주적인 공통성을 가지게 된다. 그래서 다음 번에 오는 민주주의는 말하자면 이런 이념을 갖는 민주주의로 되어야 한다. 그래서 이 이념당은 국수적 민족당이 아니다. 이런 과업을 수행하자면 그것은 반드시 세계를 주체로 하는 그런 당이 되어야 한다. 그래서 **이념당 건설을 두고** 이 이념은 지금까지 설명해온 바 있는 **인간중심정치철학에 기초한 이념이라는 것을 알아야 한다.**

둘째는 이 이념당에 의해서 세계 인류가 하나로 공통성을 가지면서도 무슨 문제부터 해결해야 하겠는가? 인간이 개인적인 존재이면서 집단적인 존재로서 지금까지의 민주주의는 개인중심 민주주의로서 일면성을 가졌다. 그래서 여기서 세계시장과 자본주의 사회의 모순이 드러나게 된다. 자본주의 사회의 기본모순이 무엇이겠는가? 개인의 이익과 집단의 이익이 잘 맞지 않는다.

자본가가 만약에 개인의 이익도 챙기면서 집단의 이해에도 다 그만큼 배려를 한다면 모순이 없다. 생산자인 자본가가 자기 이익을 더 차리면서 집단의 이익을 관계하지 않기 때문에 부익부 빈익빈현상이 나오게 되고 결국 거기서는 **등가교환**이라고 하면서도 자본가들이 더 많은 것을 챙기기 때문에 **구매력**이 자꾸 감소된다. 세계의 민주주의 시장이 형성이 안 된다. 그러므로 개인과 집단 간의 불일치를 고치려면 양자를 결합시키는 문제가 나오게 된다.

그것이 민주주의가 더 발전하는 길이다. 그 문제를 해결하지 않고는 민주주의가 더 발전할 수 없다. **그것은 역시 이념당을 건설해서 개인과 집단 간의 이해관계의 통일을 실현할 수 있어야 한다.** 그것은 개인중심의 민주주의, 즉 자본주의적 민주주의를 정당화하기 위한 일반적인 개인의 자유, 평등 하나만 주장하는 민주주의 사상만 가지고서는 안 된다.

세번째는 개인중심 민주주의, 개인주의 자본주의로서는 **3대 생활인 물질개조, 정신개조, 사회개조를 균형적으로 발전**시킬 수가 없다. 이제 과학, 기술이 자꾸 발전하게 되면 생산노동자가 더욱 줄어든다. 이렇게 되면 실업자 문제를 어떻게 해결할 수 없다. 그러니까 이제 자연개조사업에 1/3의 역량이 들어가고, 인간의 정신적인 문화를 발전시키는데 1/3이 들어가고 사회를 관리하는 사업에 1/3의 들어가야 균형이 맞아서 계속 발전하게 된다. 그런데 그렇게 안 되고서 개인중심 민주주의로만 나가게 되면 **3대 생활이 균형을** 잡을 수 없다. 이 균형을 누가 잡아야 하겠는가? **정치**가 해야 되겠는데 **정치의 독자적인 지휘기능**을 정치가 수행할 수 없다.

지금 보면 정치가 무슨 지휘기능을 하는가? 여론만 조사해서 여론만 따라가고 이것이 무슨 지휘기능인가? 거기에 돈 있는 사람이 작용하게 되면 거기에 따라가게 되고, 서로 정권을 쟁탈하고 이것이 진정 인민의 이익이 되는지, 이렇게 해서 사회가 발전한다고 하는 것이다. 이렇게 생각 없이 여론을 중심으로 해서 따라가다 보면 처음에 희랍에서 발전시킨 것과 같은 중우(衆愚)정치로 될 수밖에 없지 않은가?

그 무슨 **정치가 선봉적인 역할을** 한다고 말할 수 있겠는가? 그래서 정치가 자기 위치에서 자기 사명을 다하고 그래서 정치, 경제, 문화 3대 생활을 균형을 발전시켜 나가자면 민주주의를 더 발전시켜 나가야 하겠고 **그러하자면 이념당이 필요하다. 지금의 개인중심 민주주의 정당을 가지고서 안 된다.**

Ⅱ. 이념당 건설에: 인간중심(개체와 집체를 통일한) 정치철학이 집약되고

그러면 이러한 세계의 민주화의 시기가 언제부터 시작되었는가? 그것은 냉전을 계기로 해서이다. 냉전이란 독재와 민주주의의 투쟁이었는데, 냉전에서 독재가 전면적으로 패배를 당했다. 그래서 세계화가 역시 민주주의로 밖에 진행될 수 밖에 없다는 것이 역사적으로 입증된 것이다. 세계화의 주도권이 민주주의 진영으로 넘어왔다.

그러나 주도권이 넘어 왔지만 진정 세계를 민주화하기 위해서는 민주주의를 더욱 발전시켜야 한다. 민주주의를 더 발전시켜가는 비결은 이념당을 건설하여 끌고 나가는데 있는 것이다. **이것이 이념당 건설의 역사적 배경이다.** 따라서 **이념당 건설을 위해서 우리가 인간중심 정치철학을 공부한다고 해도 과언이 아니다.** 이념당 건설에 인간중심 정치철학이 집약되어 있다는 말이기도 하다.

지금 미국사람들이 계속 국가를 단위로 하는 민주주의를 생각하는데 그것이 없어져야 세계민주화가 되겠는데 오늘날 미국이 개척자의 정신으로 지금까지 잘 투쟁해서 미국을 세계최강의 발전된 나라로 최고봉에 도달했는데 그것을 그대로 유지하려고만 하면 어떻게 되겠는가? 그전에 영국도 한때 그렇게 되었다가 자꾸 유지하려고만 하다가 패망하고 말았는데, 미국이 1등 국가의 자리만 유지하려고 한다면 **개척자의 정신**은 없어지고 만다.

중국이 가만 있겠는가? 러시아, 인도, 브라질이 가만 있겠는가? 다 일어난다. 미국이 만약에 지금가지 도달한 여기서부터 개척자의 정신을 가지고서 계속 발전하려면 무엇이 있겠는가? 이제는 미국 땅이 아니라 세계를 개척지로 보면서 민주화를 위해서 개척자의 정신으로 나가주어야 한다. 그것이 미국의 이익에도 맞고 인류이익에도 맞고 미국이 계속 번영, 발전하는 길이다. **그렇지 않으면 중국 사람들에게 지고 말 것이다.**

미국이 발전된 큰 나라니까 지지 않을 수도 있지만 어쨌든 여기서 벗어나려고 하지 않는 한 속단할 수 없다. 민주주의라고 하면서도 국익(국가이익)만 추구하고 있다. 세계화시대라는 것을 잘 모르고 있고 또 세계화를 잘못 생각해서 무한 경쟁의 시대라고 착각하고 있다. 이것이 야단이다. **하이예크의 영향**을 받았는지 무한경쟁 시대를 허황되게 말하고 있다.

무한 경쟁이란 것은 경쟁과 협력으로 통일시켜 나가야 하는데 지금 생산이 많아지는 것을 두고 가난한 나라에 가져다주기보다는 바다에 쳐넣는 것이다. 이것이 잘못된 것이 아니고 무엇인가? 북구에서는 계속 자기들끼리 제한하고 경쟁하고 있다. 우유는 더 이상 짜서는 안 된다, 잡곡도 포도주도 더 이상 생산해서는 안 된다는 것이다. 아프리카에서는 많은 사람들이 굶어 죽어가고 있는 것이 현실인데 그래도 공짜로 주질 않는다. 이렇게 해서 되겠는가? 이는 인간의 본성에도 맞지 않는다. 그러므로 투자하라고 해도 그런데는 투자하지 않는다. **신자유주의자들이 케인즈주의에 반대하면서** 이런 주장을 하고 있다. 교육, 보건, 기초건설에는 투자 안 한다. 공동의 이익을 위해서는 투자 안 한다.

우리가 이것을 잘 하면 우리가 진정으로 빨리 발전한다. 우리가 미래를 위한 건설도 더 많이 해나가야 한다. 딴 나라에 나갈 이유가 없다. 통일이 되어서 북에서도 평화의 정권이 들어서서 시장경제가 도입되면 우리가 들어가면 왜 안 되겠는가? 이것은 딴 데 주는 것이 아니니까 빨리 발전하게 된다. 그렇지 않고 노동력이 싸다고 외국으로 나가면 국내는 공동화되고 만다. 미국을 보라. 미국이 그동안 잘 살았는데도 태풍, 토네이도가 오니까 꼼짝 못하지 않은가? 이게 무슨 수치인가? **미국이 미래에 대한 투자를 덜한 것**이다.

민주주의 발전에서 인간이 개인적 존재이자 집단적 존재의 2가지 측면을 가지고 있기 때문에 지금 개인중심으로 되어 있어서 집단이익에 관한 것이 소홀히 되어 있다. 그리고 앞으로 민주주의가 아주 발전되어도 개인중심 민주주의가 없어지는 것은 아니다. **개인주의와 집단주의가 결합되어야 한다.**

Ⅲ. 민주주의의 발전: 정치가 3대 생활을 균형적으로 발전시켜가야

지금 개인 중심의 민주주의라는 것도 평가에 관한 민주주의이고, 정의의 원칙에 관한 민주주의이다. 그래서 그 결합하는 방법도 이것을 계속 앞세워 나가면서 능력이 조성되는데 따라서 전체가 같이 잘 사는 문제를 총체적으로 해결해 나가야 한다. 그렇게 하기위해 지금 현재 나가는 방법은 정의의 원칙을 상대적으로 앞세우면서 나가야 한다. 정의의 원칙이 없어지는 것이 아니고, 그렇게 하려면 **이제 이념당이 없이는 그렇게 하지 못한다. 개인의 이익을 자본가들에게 맡기면 투자를 안 한다.**

그러므로 이를 어떠한 방법으로 하여야 되겠는가? 당연하게는 정치라고 하는 것이 자기 독자성을 가져야 한다. **정치는** 아직 그저 자본이 있는 사람들이 생산하는 것처럼 정치를 할 수 있으면 다하라고 하나 그러나 할 수가 있나? 그러므로 자본가한테 돈을 빌려달라고 하고 나중에 정권을 잡으면 물어주겠다고 한다. 이러니 정경유착이라는 것을 피할 수 없게 된다.

그러니까 정치는 공적인 사업이기 때문에 정치적 부담도 국가에서 다 부담하도록 제도도 만들어야 한다. 그래서 **정치가 3대 생활을 균형적으로 발전시켜가야 한다. 3대 생활을 정치가 대신해서는 안 되고 균형을 맞추는 지휘기능을 해야 한다.** 그렇게 해나가려면 그런 상태로 접근해 나가면서 당면하게는 정치를 대표해서 큰 선에서 계획과 균형을 맞추어야 한다. 그 다음에 그 안에서는 계속하여 경쟁을 시켜야 한다. **생산수단의 소유형태를 다양하게 해서** 집단경제도 있고 소집단 경제도 있고 개인경제도 있고 해서 계속해서 경쟁을 시켜 이렇게 해나가는 것이 지금으로서는 합당한 길이다.

그리고 그것을 하기 위해서는 민주주의 국가들이 자꾸 동맹을 강화해 나가야 한다. 동맹을 강화하지 않으면 민주주의가 발전할 수 없다. 미국 혼자 두게 되면 국가권위주의로 나가게 된다. 동맹을 하게 되면 왜 너희 혼자만 그렇게 나가는가? 우리 같이 나가자고 하게 된다. **세계를 민주화해 나가는 방향은 큰 선에서 보면 국가들 사이에 민주주의 동맹을 강화해 나가는 길이다.**

원래 주체사상은 모택동에서부터 시작됐다. 맑스가 **국제공산당**을 처음에 13명으로 조직하였는데 맑스주의자는 3~4명밖에 없었다. 다 바쿠닌주의요 푸루동주의자들이었다. 그 다음에 엥겔스가 주도해서 만든 것이 **제2국제당**이다. 이것은 국가별로서 독립적인 당을 만들었더니 이것이 다 수정주의로 넘어갔다. 그래서 레닌이 카우츠키를 비롯해서 막 비판해서 나온 것이 **제3공산당**이다. 레닌의 주장은 공산당이 국제당 하나가 되고 각 민족당들은 지부당이 되어 공산당에서 지시를 했다. 물론 당 대표들이 가 앉아 있었지만 상위 공산당이 지시를 했다. 그러므로 조선공산당도 1925년에 만들어졌다가 1928년에 가서 그 지시에 의해 자격이 없다고 하여 해산되고 말았다. 다른 나라에도 당이라는 것이 없었다. 지시하면 그만이다.

거기서 제일 큰 손해를 본 것이 중국당이다. 중국에서는 대 부대를 가지고서 투쟁을 하고 있었는데, 중국당이 대표로 가서 앉아 있지만, 상위 공산당이 현실을 모르고 자꾸 틀린 지시만 하니까 중국당, 폴란드당이 큰 손해를 보았는데, 毛가 더 이상 이 사람들하고는 안 되겠다고 하여 평소 불만이 많은 데다가 1943년에 국제공산당을 해산했다. 모두 독립을 준다 해놓고 다시 스탈린이 지시했다. 스탈린을 미워하고 벗어나려고 한 인물이 모택동이다.

이런 일화가 있다. 중국대표로 소련에 가서 무엇을 하다가 지고 오면 모가 대단히 노했다. 한번은 주은래가 소련에 갔다가 국방상인 마리노브스키와 술먹기 내기를 하다가 지고 왔다. 주은래도 마오타이주를 돼지 비계와 즐겨 먹는데도 모가 지고 왔다는 이야기를 듣고 아주 성이 나서 왜 술먹는 경쟁을 했는가? 고춧가루를 먹는 시합을 하지 않았느냐고 핀잔을 주었다고 한다.

그렇게 해서 소련에서 벗어나려고 하다가 나온 것이 정풍운동이다. 양팔고(洋八股), 당팔고(唐八股: 청나리 옹정 황제 때에 관리들의 머리가 너무 총명하여 지배하기 힘들어 8고(八股)수사법을 넣어서 교조주의로 과거시험을 치르도록하여 관리를 쉽게 다스리도록 한데서 유래하는 말임)를 반대한다고 하여 교조주의, 사대주의를 반대한다는 투쟁운동이 일어났는데 이것이 주체를 세우는 운동이다. 이 정풍운동을 통해서 국민당과의 전쟁에서 이겼다.

북의 주체는 **1931년부터 카륜회의에서 처음 말해진다.** 주체사상을 어떻게 만들겠는가? 한국전쟁이 시작되어 최고사령관이 되면서 욕망이 생겼다. 소련군대가 안 나오고 중국군대가 나오니까 그대부터 욕망이 생겼다. 이렇게 되어 독자적인 체제를 세워야 되겠다고 생각하게 되었다. 괴뢰노릇을 하기 싫다는 것이다.

이렇게 해서 그 자체로서는 전 세계적인 공산주의의 운동의 공통적인 사상이 된다. 그것을 처음에는 **창조적으로 맑스-레닌주의를 적용**한다고 했다. 1960년도에 81개국 공산당회의 이후 61년에 '자주적 입장'을 표방하게 된다. 그러나 그것은 하나의 사상체계라고 말할 수는 없고, 하나의 **민족화하려는 방법론**이다.

제15장

지도사상부와 이념당건설: 3권분립과 관련하여

Ⅰ. 인간중심의 민주주의

인내천(人乃天) 사상은 우리나라의 통일을 위해 필수적인 사상이다. 사람을 귀하게 여기고 유심론과 유물론의 장점을 추구하며 개인주의와 집단주의의 융합 등으로 설명될 수 있다. 완전한 남의 개인주의 민주주의사상으로 통일을 이룩할 수 없고 완전한 북의 집단주의 민주주의사상으로 통일을 이룩하는 것 또한 불가능하다. 대립물의 통일로 지양한 인간중심의 민주주의가 나와야 한다.

다빈치는 모나리자의 인생관에 대한 질문을 받고 그리던 그림을 멈추고 깊은 사색에 잠겨 1년여 동안 전국을 배회하였다. 돌아와 보니 모나리자는 세상을 떠났다. 그리하여 그리던 초상화를 상상력을 동원하여 완성하였다고 한다. 다빈치가 모나리자의 의문을 떠올리며 그의 세계관이랄까 우주관을 그림 속에 표현하였다는 것이다. 루불박문관에 모나리자의 이 그림을 볼려고 사람들이 모여들어 심지어 그림의 바닥에 홈이 나 있다고 한다.

모나리자의 미소가 잔잔한 웃음이었듯 우리는 인간중심 정치철학을 다시 한번 상기시킬 필요가 있다.

Ⅱ. 3권분립

1. 3권이란?

3권분립은 민주주의 역사상 가장 위대한 발견이라 칭해지기도 한다. 3권분립의 본질은 행동의 목적을 세우는 사업이 첫 번째, 그 목적을 실현하는 집행과정이 두 번째고, 마지막으로는 집행결과를 검열하여 그 성과를 확인하는 것이라 할 수 있다. 즉 지도기관-집행기관-검열기관의 3부가 독자적으로 작동할 수 있도록 하는 정부체계인 것이다. 이 세 가지 단계를 개인이 따르는 데는 큰 무리가 없으나, 집단의 경우에는 몇 가지 문제에 봉착하게 된다. 바로 엇갈리는 이해관계 때문이다. 각자의 이해관계가 모두 다르기 때문에 토론을 통해 적절히 조정을 거쳐야 한다. 입법의 조정단계를 무사히 거치더라도 집행의 경우에는 목표설정과는 다른 종류의 능력이 필요하다. 때문에 사람들은 보다 능력 있는 인물을 선발해 행정·사법적 기능을 그 사람들로 하여금 각각 집행과 검열을 하도록 했는데 그것이 바로 오늘날 3권 분립의 모태다.

3권분립은 우리 정치에 있어 가장 중요한 부분이다. 기본적으로는 개인주의 민주주의의 원리이다. 지도기관(입법), 집행기관(행정), 검열기관(사법)으로 나뉘는데 공산주의에서는 왜 하나의 정권으로 나누는가하였다. 국회는 행정의 목적을 세우는 일을 하고, 공무원들은 경험과 지식을 토대로 입법을 집행한다. 검열기관은 법관들이 잘 되어가고 있는지 감시, 견제하는 곳이다. 이것은 매우 중요하고 필요한 과정이다.

민주주의 정치에서 가장 큰 발견은 3권분립이다. 입법부(지도기관)[2], 행정부(집행기관)[3], 사법부(검열기관)[4]가 서로를 감시하고 통제한다.

---

2) 입법부는 공식화된 문제를 숙고하는 사람들로 구성된 조직이다. 입법부는 크게 단원제와 양원제로 구분한다. 단원제는 구성원을 국민이 선거로써 직접 선출한다. 이것을 양원제에서는 하원이라고 부른다. 여기에 상원을 더하면 양원제가 된다. 양원제 구성방법은 다양하며 그 중 하나를 예를 들면 영국에서는 국왕이 작위를 수여함으로써 상원의원이 될 수 있다. 대통령제에서 상원이 중요하고 내각책임제에서는 하원이 중요하다.

입법부의 기능은 다섯 가지가 있다. 첫째 대표의 기능이다. 입법부 구성원들은 선출할 때 걸었던 공약을 제공해준 정당의 목적을 대표한다. 둘째 심의 기능이다. 당시 사회적으로 중대한 현안에 대하여 토론하는 것이다. 셋째 입법 기능이다. 대부분의 법률안은 행정부가 발의하지만 입법부는 이것을 승인하거나 검토 수정한다. 넷째 지출 승인이다. 행정부를 비롯한 각 기관의 행동의 기본은 예산이며 입법부에 예산안을 제출하고 입법부는 이를 검토 수정 승인한다. 마지막은 감시 기능이다. 현대 국가에서 행정부의 기능이 복잡하고 과다해지면서 독단의 문제가 발생하는제 입법부의 감시 기능은 이를 견제할 수 있는 가장 강력한 기능 중 하나이다.

3) 행정부는 정치적 행정부와 집행적 행정부로 나뉜다. 정치적 행정부는 정부의 핵심으로 행정부의 최상층을 차지하는 대통령, 총리, 장관 등 정치적 지도자로 구성되어 있다. 행정부는 크게 대통령제와 의원내각제로 나눈다. 대통령제는 권력의 자기분할방식을 취하며 입법부와 협의를 요하는 구조를 통하여 권력을 독점하기보다는 입법부의 심의기능은 보장한다. 국민은 대통령을 선거로 직접 선출하며 대통령은 정부를 이끌고 구성원을 임명한다. 대통령과 의회는 임기를 가지며 상대방을 해산할 수 없다. 또 의회와 행정부 구성원 사이에 중복은 없다.

2. 사법부는 누가 감시하는가?: 집단주의가 필요하고

그런데 이 가장 훌륭한 3권분립에 문제가 있다. 국민들은 각각 국회와 대통령에게 투표권을 행사하지만 검열기관은 그럴 수가 없다. 검열기관이 다 감시를 하는 것인데 검열기관을 감시할 수가 없다. 오늘날 공수처(고위공직자범죄수사처) 얘기가 나오는 이유이다.

아무튼 개인주의적 민주주의를 위해 3부가 서로를 감시하고 통제하는 것은 좋지만, 집단주의 민주주의로 그들을 융합시킬 수가 없다. 통일되지 못하는 것이 한계이다.

대부분의 나라는 3권분립 체제를 갖추고 있다. 3권분립이란 개인주의에서 비롯되어 지도기관, 집행기관, 검열기관으로 나누어 상호 견제와 감시를 통한 지도체제이다. **3권분립은 독재를 막을 수 있었지만 사회의 통일성과 협조성을 방해했다.** 따라서 집단주의를 개인주의에 통합해야 한다. 집단주의는 분열될 수 있는 사회를 하나로 묶어준다. 이 역할을 위해, 특히 통일한국을 위해서는 반드시 필요한 게 **제4부로서의 지도사상부**이다. 사상보다 지도를 먼저 내세운 것은 특정 이념을 앞세운다는 오해를 받지 않기 위해서다.

내각책임제의 특징은 세가지가 있다. 첫째는 정부는 의회에서 탄생한다. 정부구성원은 국회의원중에서 충원하며 의원직을 보유한다. 둘째 수상과 각료회의는 의회의 불신임투표에 의해 해산될 수 있다. 셋째는 내각책임제는 협의체이며 총리는 '동등한 자 중 첫 번째'에 불과하다. 이러한 다원적 행정부는 대통령제에서 단원적 행정부를 강조하는 것과 차이가 있다.

4) 예전의 인간의 지배에서 현대는 법의 지배로 변화했다. 개인의 권리를 보장하고 개인과 국가 간 갈등을 해결하기 위한 입헌적 통치는 자유주의 정치의 가장 큰 성과이다. 입헌적 통치가 무엇인가? 법에 기초하여 정부의 권력을 제한하는 관습, 가치의 지배이다. 이러한 법의 최 상위 개념이 헌법이다. 헌법은 중앙정부의 권력과 제도, 다른 제도의 균형을 이루는 공식구조를 형성한다. 또 개인의 권리를 표방하고 정부의 역할과 의무를 보장한다. 이러한 헌법의 특징은 자기 집행적이지 못한 것이다. 따라서 사법심사권을 사법부에 이양했다.

사법부의 기능은 세가지이다. 첫째, 법이 헌법이 부합하는지 판단한다. 둘째 개인과 국가 간 기본적 자유권의 충돌을 해결한다. 셋째 국가 기관 간의 갈등을 해결한다. 특히 행정법은 국가 기관의 결정과정에서 또 현대 과대정부의 상황에서 개인과 국가간 균형을 이루기 위해 중요한 역할을 한다.

현재 남한과 북한은 개인주의와 집단주의사상으로 너무나 다르다. 말투, 음식, 문화 등이 다르지만 가장 다른 것은 사상이다. 서로를 이해 못한다. 생각에 공감하고 동의할 수 없다면 분쟁이 발생하고 통일한국은 한걸음 더 달아난다. **따라서 우리는 사상통일을 위한 지도사상부를 설립하고 인간중심 민주주의의 사상교육을 통해** 벌어졌던 사이가 줄어들 수 있도록 노력하는 것이 절실하다고 생각하기 때문이다.

현대의 정부구조에서 3권분립은 입법부-사법부-행정부를 통해 이루어지고 있는데 이들 기관들은 각자 다른 기관들이 독주할 수 없도록 타 기관을 견제하는 역할을 한다.

정책과정에서의 3권 분립은 사법부를 중심으로 볼 필요가 있다. 최근 들어 서구민주사회에서 사법부의 지위가 향상되어 정부의 정책에 비판적인 판결을 내리거나, 재판관들이 정치적 성향을 띄고 정계로 진출하는 등의 현상이 빈번해졌다. 이처럼 사법부가 정치전반에 깊숙이 관여하고 힘을 쓰는 현상이 일어나 정치가 사법화 되는 경우를 두고 **'사법적극주의'**라 칭한다. 이러한 사법적극주의에 대한 시각은 찬/반 양론으로 극명하게 갈려 있는데, 사실상 제3의 국회라 불리는 헌법재판소가 존재하는 한, 사법의 위세는 막기가 힘들어 보인다. 헌법재판소는 대법원과는 달리 법관의 전환이 빠르고 운영도 잘 되어 있어 많은 면에서 차이를 보인다. 이 헌법재판소 때문에 사법의 지위와 권한은 한층 커지고 있다.

3. 한국의 경우: 서구와 달리 행정부가 우월하고

대한민국도 대통령제를 채택하고 입법-사법-행정이 분리된 3권분립주의를 채택하고 있다. 그런데 앞서 사법부가 절대적 우위를 보이고 있는 서구민주사회와는 달리, 한국의 3권분립주의는 대통령이 막강한 권한과 권력을 가지는 즉 행정부의 권한이 다른 두 기관보다 우월한 상태라는 것이다. 이는 전 세계적인 추세에 반하는 일이며, 입헌주의를 토대로 한 자유민주주의 국가로서 자칫 독재의 위험을 안고 있다고 할 수도 있다.

원래 3권분립이란, 목표를 설정하고 그 목표를 수행하는데 있어서 제대로 국민들의 의사가 반영되어 있는지, 헌법에 맞게 절차를 진행시키고 있는지 등을 점검하고 확인하며 수정하도록 사법부로 하여금 책임을 부여하는 의도가 있다고 할 수 있을진대, 우리나라의 경우에는 실정도 모르고 책상에 앉아 책만 읽는 판사들이 우월적 권한을 행사해 비판적 시각의 검사들이 제기한 문제들을 기각해버리는 문제가 심각하다. 그 뿐 아니라 현장에서 뛰고 누구보다 현실을 잘 아는 검사들이 판사들과 친밀한 관계를 유지하며 많은 토론을 거쳐야 함에도 불구하고, 검사들의 소속은 행정부 소속으로 되어 있는 것이다. 또 역도 성립될 수 있다. 사법부가 진정한 독립을 하지 못하고 정부에 끌려 다닐 수도 있는 것이다.

단기적으로는 검사들이 조속히 사법부 소속이 돼서 사법부가 독립적 지위를 유지할 수 있도록 해야 한다. 그렇다면 현재 일어나는 이해할 수 없는 판결들도 줄어들 것이고, 행정부의 독주도 적절히 견제할 수 있을 것이다. 한국의 작금의 사태는 또 다른 일면을 보여주고 있다.
행정부 내에서 마저 법무부와 검찰이 통일이 되지 못하고 있는 것이다. 공수처 논쟁이 일어나는 이유이다.

장기적으로 보면 3권분립이 아니라 제4부, 지도사상부의 설립을 통해 국민들에게 사상을 교육시켜야 한다. 하루에 3끼를 먹는다면 굳이 식사를 더 하고 싶은 마음이 들지 않을 것이다. 어차피 너무 많이 먹으면 체하기 때문이다. 따라서 마찬가지로 사회는 고도로 발달했는데 우리의 사상은 아직도 자유민주주의 그대로이다. 이 자유민주주의는 서구의 것 그대로여서 실상 우리에게 적절하게 아주 잘 맞는다고는 할 수 없는데도 말이다.

사회가 고도로 발달했을 때 사람들은 목표의식을 잃는다. 예를 들어 올림픽 금메달을 획득했을 때 그러하다. 그럴 경우에는 새로운 목표를 부여해주어야 한다. 그것이 바로 이해관계와 같은 개념이며, 그러한 이해관계를 통일시켜 하나의 목표로 만들 수 있다는 점에서 사상의 중요성을 깨달을 수 있다. 한국의 실정에 맞는 **인간중심의 사상을 수용**하여 그동안 맞지 않았던 서구의 자유민주주의 도입으로 인해 생겨난 폐단을 없앨 수 있는 것이다.

그래서 **우리 실정에 맞는 사상을 가진 지도사상부**에서 국민들을 교육시키는데 전력을 다하면, 우리식 민주주의가 찬란하게 발전할 수 있을 뿐만 아니라 국가 경쟁력에도 아주 큰 도움이 될 것이다.

III. 개인주의와 집단주의의 융합을[5]: 제4 지도사상부로

봉건시대 때에는 국가와 국가 간의 관계를 해결하는데 무력을 사용하였다. 하지만 시대가 변하면서 경제력이 기본이 되었고 냉전의 제3차 세계대전에 가서는 평화적 경쟁으로 무력을 이용하지 않았다. 이것은 인류역사상 굉장히 큰 변화이다.

인간은 본래 개인적인 존재인 동시에 집단적인 존재이다. 그렇기 때문에 절대적인 개인주의적 민주주의도 없고 절대적인 집단주의적 민주주의도 있을 수 없다. 그러므로 우리는 개인주의적 민주주의의 장점과 집단주의적 민주주의의 장점, 이 양자의 결합으로 민족을 통일하고 세계의 민주화를 이루어야 한다. 그것이 바로 **인간중심 사상인 인내천(人乃天) 민주주의**인 것이다. 우리는 인류의 발전을 위해 인내천 민주주의를 기초로 하여 사상의 통일로 남북통일을 이루고 세계를 민주화시켜야 한다.

본래 인내천 사상은 개인주의와 집단주의의 융합이다. 그렇다면 서로 융합함에 있어서 필터링없이 융합이 되야 하겠는가? 아니면 냉전에서처럼 흑백논리로 단점만 골라서 융합해야 하겠는가? 지금부터라도 구동존이(求同存異)의 자세로 장점만 가지고 융합해야 더 나은 방향이 나오고 통일을 위한 정치사상의 밑거름이 되는 것이다.

---

5) 우리나라는 자유민주주의를 표방한다. 민주주의는 개인주의 특성을 갖는다. 초기 민주주의는 부르주아계급이 주장하였는데 자신의 재산권을 보장받기 위함이다. 즉 개인주의는 인간의 열망에서 비롯하여 열망을 달성하기 위해 창의력을 발휘하고 적극성을 띤다. 이러한 개인주의는 인간성이 떨어지고 현실지향적이라는 단점이 있다. 즉 사회가 발전하지만 인간이 점점 소외되는 것이다. 이러한 개인주의의 반대편에 집단주의가 있다. 인간은 태어나면서 개인적 존재이기도 하지만 사회적 존재이기도 하다. 집단주의의 장점은 협동과 미래지향적인 것이다. 예를 들어 10명의 개인이 각각 일을 하는 것보다 10명이 힘을 합쳐서 일을 하면 그 성과가 뛰어나다. 하지만 단점도 있다. 개인의 다양성을 무시하고 집단의 이름 아래 개인을 희생시키는 것이다. 집단의 이름 아래 개인을 희생시켜 인간의 기본적 열망이 배제된 혼이 없는 인간을 양산하고 있다.

그렇다면 **개인주의의 장점**은 무엇인가? 욕망이 다양하고 창조력이 다양하고 자신의 이익을 위하여 노력하는 것이다. 욕망이 다양해야 올바른 욕망을 찾을 수 있고, 창조력이 다양해야 지금보다 나은 것을 발견해낼 수 있고 자신의 이익을 위해 노력해야 더 나은 삶을 누릴 수 있다.

집단주의의 장점은 무엇인가? 협조, 통합, 미래를 보는 것이다. 협조하고 통합하여 미래를 보는 것이 무엇이겠는가? 바로 통일이다. **집단주의에는 통일을 견인해내는 핵심되는 힘이 들어있다.**

그렇다면 개인주의적 측면이 집단주의적 측면보다 강한 우리나라는 집단주의를 수용해야 하겠는데 잘 모르는 사람들이 무작정 수용하다 보면 참과 거짓, 좋은 것과 나쁜 것, 수용해야 할 것과 버려야 할 것을 가리지 못한다. 이러한 우리의 판단을 대신 수행하여 줄 기구가 **제4부인 지도사상부**다.

IV. 4권분립: 제4부, 지도사상부의 수립으로

지금의 입법, 행정, 사법부의 **제3부 만으로는** 부족한 것이 있다고 했다. 바로 통일정신이다. 지도기관, 집행기관, 검열기관은 **서로 견제하고 감시할 줄만 알고, 서로 통일되는 법을 알지 못한다.** 제4부인 지도사상부는 바로 그런 부분을 담당하는 곳이다.

물론 사상을 강요할 수는 없는 것이다. 그러나 아예 모르는 것과 아는 것은 다르다. 그러므로 각 국가마다 3권분립에 이어 4권(부)을 받아들여 그 담당을 이념당을 통해 사상교육을 하는 것이 올바를 것이다.

4권분립에서 4권(부)은 크게 보면 개인주의와 집단주의의 결합이다. 입법, 사법, 행정의 3권으로 나뉘어 서로 견제하고 감시하면 그것의 장점으로 발전하는 부분도 있을 것이다. 하지만 견제의 심화로 뭉쳐야 할 때 그 협동이 되지 않을 수 있다. 그러므로 그 부분에서 집단주의적 측면인 4권(부)을 통해 부족한 부분을 채우고 경쟁과 협동의 균형을 맞출 수 있는 것이다.

사상은 일반적인 문화적 지식으로 억지로 강요하는 것이 아니라 이해관계에 관한 지식, 주장으로 행동의 계획을 가지고 실천을 위하는 것이다. 사상을 교육하되 학습한 후 따라오고 말고는 본인들이 결정할 부분이다. 그러므로 **4부의 이름을 사상지도부가 아닌 지도사상부라고** 하는 이유가 되겠다.

어떤 사람은 강제로라도 사상에 동화시켜 궁극적인 통일을 달성하자는 사람이 있는데 이는 현명하지 못한 처사이다. 핵심세력을 노려야 한다. 우리나라의 최고 중심부를 교육시키고 변화시키면 나머지 국민들은 따라오게 되어 있다.

이명박대통령이 서울 시장일 당시 서울시민들의 반발을 크게 샀던 사업이 있는데 그것이 서울 버스번호를 다 새로 하고 환승이라는 제도를 만드는 일이었다. 잘 타고 다니던 버스번호를 다시 외워야 하니 이게 얼마나 번거로운 일이었겠는가? 시민들은 반대했지만 이 시장은 이를 추진했고 지금 우리는 환승제도까지 생긴 버스를 편하게 이용하고 있다.

이처럼 지도부의 교육을 통해 핵심세력이 먼저 변할 수 있도록 해야 나머지 국민들도 따라가는 것이다. 그런데 이와 같은 지도사상부의 사업을 도와줄 곳이 바로 인간중심의 민주주의 이념당이다.

Ⅴ. 이념당의 실천을: 지도사상부의 교육을 위해 필요하고

이념당은 현재 존재하는 제 정당들과는 성격이 다르다. 정권의 획득을 목표로 하지 않으며, 그냥 인간중심철학에 입각한 인내천 민주주의로 국민의 사상을 통일시키는 사업에 집중하는 당이다. 때문에 이는 정부의 지속적인 관심과 도움이 필요하다.

이념교육의 중요성은 공산당을 보면 느낄 수 있다. 공산당을 예로 든 것은 그 사상을 배우자는 것이 아니라 사상의 교육방법을 배우자는 것이다. 모두가 하나의 이념으로 사상교육이 되고나니까 중국의 문화대혁명과 같은 사건이 생겨도 사람들이 견뎌낼 수 있게 되었다.

이와 같이 이념의 교육은 중요하고도 무서운 것이다. 만약 지도사상부가 없는 상태로 이념당이 건립되어 엉뚱한 방향의 이념을 추구하고 가르친다면 이는 우리나라 전체를 혼란에 빠지게 할 것이다. 하지만 **지도사상부의 아래 서있는 이념당은 우리의 통일을 달성하기 위한 밑거름이 되고 통일의 원동력이 될 것이다.**

미국을 살펴보면 미국은 세계에서 세일가는 강대국이다. 부자나라다. 그러나 이념당이 없다보니 미국에도 문제점은 존재한다. 치안문제, 마약문제 등을 제쳐두고라도 왜 그렇게 부유한 나라가 이념교육은 게을리 하고 전 세계적 통일을 위해 힘쓰지 않는가? 경제적으로 제1의 경지에 올랐다고 해서 끝이 아니다. 이는 시작일 뿐이고 앞으로도 해야 할 일이 많은데 미국은 손 놓고 안주하기만 하는 것이다.

다시 한번 회고해보면 **개인주의의 장점**은 욕망이 다양하고, 적극적이며, 창의적이다. **집단주의의 장점**은 통일성과 협조성, 미래를 내다본다는 것이다. 3권 분립은 기본적으로 개인주의적 민주주의를 토대로 하고 있기 때문에 미래를 지향하는 관점에 소홀해지는 한계가 있다. 미국과 같이 발전된 나라에서도 더 이상 나아갈 수 없는 이유가 여기에 있다. 사상의 통일이 없기 때문이다. 따라서 무엇보다 중요한 것은 사상의 통일이 이루어져야 한다. 그러기 위해서는 지도이념이 바로 세워져야 한다. 집단주의 민주주의로 민주주의의 균형을 잡고 나아가서 인간중심 민주주의로 세계의 민주화를 주도해가기 위해 지금의 제3부(권)의 권력구조에 제4부(권)의 지도사상부를 존치하여야 한다는 것이다.

우리나라는 일정 수준 이상으로 산업화의 발전에 성공했다. 즉 굶어 죽는 사람이 없다. 하지만 우리는 남보다 더 많이, 좋은 것을 얻기 위해 발버둥 친다. 이것은 지나치게 개인주의에 치우쳐 있기 때문이다. 미래를 보지 못한다. 통일 한국을 보지 못하는 것이다. 우리는 어렸을 때부터 '우리의 소원은 통일'이라는 노래를 부르며 성장했다. 하지만 나이가 들고 현실에 물들면서 통일은 꿈이나 이상의 한 부분이 되어버린다. 현재 우리의 모습이 그렇다. 북한, 집단, 사회주의라는 말만 들으면 이유 없이 손사래를 친다. 이것은 그동안 반공체제를 통한 교육이 되었기 때문이다. 이제는 바뀌어야 한다. 집단주의도 장점이 있다. 이것을 통합해야 한다.

하지만 양쪽은 너무나 상반되기 때문에 쉽지 않다. 즉 개인이 주체로서 할 수 없다. 수많은 극우세력의 눈동자가 불을 켜고 지켜보고 있기 때문이다. 따라서 **정부가 주도를 해야** 한다. 정부가 주도하여 결합과 협력을 하기 위한 사상을 교육해야 한다. 그것이 **이념당건설의 설립 배경**이다.

이념의 교육은 개인의 개인주의적 민주주의를 바꾸겠다는 것이 아니다. 교육을 받아들이는 것은 다시 한번 주지하면 스스로의 몫이다. 사상의 교육이 이루어지면 다 따라오게 되어 있다. 이 역할을 담당하는 기관이 이것이 제4부(권)로서의 지도사상부이다.

그리고 이념당의 건설을 통해 사회·정치운동의 실천을 통해 사상의 통일이 이루어짐으로써 3권분립의 한계를 극복하고, 통합되어 미래를 바라보는 관점이 길러지게 된다.

VI. 이념당의 역할: 개인주의와 집단주의의 균형적 발전을

이념당은 계획적 균형적 발전을 도모해야한다. 개인주의의 장점과 집단주의의 장점을 함께 추구할 때 가능한 것이다. 경제의 발전만 두고 본다면 개인주의가 더 발전된 경제를 가지고 있다. 하지만 개인주의가 팽배한 경제는 문제가 발생된다. 돈이 안 되는 일, 즉 공공재나 공유자원의 이용에 비극이 발생하기 때문이다. 내가 여기에 가로등을 만든다고 하자. 저녁에 지나다니는 사람 중 가로등의 불빛을 사용한 사람들에게만 돈을 받아야 하는데 사람들은 너도나도 사용하지 않았다고 한다. 그럼 나는 이윤을 낼 수 없다. 때문에 이런 부분은 정부가 담당을 해주어야 한다.

반대로 집단주의적 경제가 된다면 정부가 국민 하나하나의 필요를 예측해 생산해야 하는데 이는 물건의 다양성도 없고 부족하거나 남을 수도 있다. 때문에 일부는 개인주의적으로 일부는 집단적으로 운영이 되어야 하는 것이다.

욕망 없이는 사람이 발전할 수가 없다. 그리고 욕망이 다양해야 옳은 욕망을 내세울 수 있다. 또 능력도 다양해야 그것이 결합하여 창조력을 강화시킬 수 있다. 그리고 개인은 누가 시키지 않아도 스스로 자신의 이익을 위해 적극적으로 나선다. 즉 창조적 적극성, 다양한 요구, 다양한 능력이 **개인주의의 장점**이다.

집단주의의 장점은 집단이 통일감 있게 결합하여 협동하는 것이다. 그러므로 우리는 개인주의의 상섬을 기본으로 하되 집단주의의 장점인 협동을 추가할 필요가 있다. 이 말은 경쟁을 줄이고 협동을 증대시켜야 한다는 뜻으로 이것이 바로 **인간중심의 인내천 민주주의**이다. 극심한 경쟁은 오히려 독이 되므로 협동적인 측면을 증대시켜서 사람과 사람으로 결합할 수 있어야 한다.

우리는 앞으로 이러한 이념당이 개인주의적 경제와 집단주의적 경제를 계획적으로 균형적으로 발전시키는 것을 통해서 핵심세력부터 변화를 시킨다면 가장 서민들과 피부를 맞대고 있는 시장경제의 변화를 통해서 정책결정을[6] 양방향으로 Top-down, Bottom-up적 변화를 주도해갈 수 있을 것이다.

Ⅶ. 이념당의 방법(전략): 대립물의 모순이 아니라 통일(포용)을

개인주의와 집단주의는 다르다. 그러나 이 다른 두 사상을 융합시켜 인내천 사상을 추구하는 것이 모순이라고 할 수 있을까? 모순이라는 말이 만들어진 우화를 보면 옛날 중국에 모든 것을 뚫을 수 있는 창을 가졌다고 하는 이가 있었는데, 동시에 모든 것을 막아내는 방패를 가지고 있다고 하였다. 그러면 이 둘이 서로 만나면 어떻게 되겠는가 하니 함구해버렸다는 이야기다.

개인주의와 집단주의의 융합은 위와는 다르다. 그래서 이것을 **대립물이라고 했지 모순된 것이라고 하지는 않는다.** 대립과 융합은 어떻게 차이가 나는 것인가? 이 세상에는 완전하게 대립되어서 따로 존재하는 것도 없고, 완

---

6) Rod Hague and Martin Harrop(2004), *Comparative Government and Politics*(6th)(New York: Palgrave, macmillan), pp. 309.
정책은 일반적으로 미래에 어떠한 방법을 결정할 의도를 나타낸다. 콜배치(Colebatch, 1998)에 의하면 정책은 일관성(coherence, policy strategy), 위계성(hierarchy, policy as instructions to staff), 수단성(instrumentality, policy as purpose)을 보유해야 하지만 대부분의 정책은 겉치레에 불과하다. 정책과정에는 발의(initiation), 공식화(formulation), 집행(implementation), 평가(evaluation), 분석(review)의 다섯 단계가 있으며 정책 결정 모형으로 상의하달(上意下達, Top-down) 방식을 취하는 합리모형과 하의상달(下意上達, Bottom-up) 방법을 취하는 점증모형이 있다.

전히 융합되어 하나인 사상도 없다. 모든 것이 융합의 부분과 그렇지 못한 부분을 가지는데 만약 융합된 부분이 더 크다면 융합되었다고 보는 것이고, 대립하고 있는 부분이 크다면 대립해 있는 것으로 보는 것이다.

이렇게 대립되어 있는 사상을 하나로 융합해 나가야 하는 것이 우리가 해야 할 과제이다. 비록 많은 시간이 걸릴 것이고, 융합과정에서 많은 어려움이 따르겠지만 인내심을 가지고 민족의 평화통일을 위해 힘써야 한다.

사상의 교육이 이루어진다고 하여 100% 다 따르는 것은 아니다. 이것은 당연한 것이다. 대립되는 것은 당연한 이치이고, 그대로 끌고 가면 된다. 이념이 세워진다는 것은 정신이 세워짐을 뜻하고, 이는 목적을 실행하는 실천력을 만들어준다. 대립물이 생기는 것은 그대로 포용·통일되면 된다.

Ⅷ. 이념당의 세계의 민주화전략

인내천 민주주의를 통해 세계의 민주화를 이루려면 폭력을 버려야 한다. 3차 대전 때와 같이 동맹을 강화시켜서 폭력을 억제할 수 있는 능력을 가져야 할 것이다. 여기서 동맹은 미국을 중심으로 하여 발전하되 상당한 수준으로 성장한 중국을 민주주의의 진영으로 끌어들여 확대시켜야 한다. **미국은 개인주의적 국가이고 중국은 집단주의 국가를 대표하여 그들이 협동하면서 개인주의와 집단주의가 결합될 수 있는 것이다.** 이러한 강화된 동맹을 구축하려면 미국이 세계 최대 강국의 위치라는 욕심을 버리고 **세계의 민주화를 최우선의 목표로 삼아야** 한다는 것이 중요하다.

동맹을 결성할 때에도 결코 무력을 통해서는 안 될 것이다. 옛날처럼 강한 국가가 약한 나라를 무력으로 지배하는 것이 아니라 대등한 위치에서 각 나라의 독자성을 인정해 주면서 통일을 이루어야 한다.

세계의 민주화란 민주주의의 이념을 한 국가 내에서 한정짓는 것이 아니라 전 세계에 민주주의적 생활원리를 확산시켜 범국가적으로 민주주의를 확산시키는 것이다.

이렇게 전 세계의 여러 나라들은 평화적으로 통일하려면 앞서 말했듯이 사상의 통일이 필요하다. **사상이 통일된다면 그 사상은 인간중심이어야 하**

며 인내천 민주주의를 지도이념으로 한 차원 높임으로써 민족과 인류의 발전을 도모해갈 수 있는 것이다. 동맹의 강화로 선진국이 제3세계들이 자립할 수 있도록 도와주고 이미 발전한 나라들도 계속 발전해가야 한다. 세계의 평화통일을 위한 사상의 통일도 동맹을 기초로 하여야 한다. **동맹을 기반으로 공동의 국제적 이념 연구사업을 해야 한다**. 그 방법으로 **국제적인 이념당 건설**이 필요하다.

Ⅸ. 세계화는 민족의 평화통일로 부터

지금까지 한국의 평화통일을 위해서 남·북한은 민족의 전통사상인 동학사상에서 기초가 된 인간중심의 인내천 민주주의가 긴요한 것임을 역설하였다. 남·북한에는 한 겨레의 정신문화의 전통성이 큰 강점으로 작용한다. 세계의 일가건설을 위해서도 같은 맥락이다. 개인주의적이면서도 집단주의적인 양면을 모두 가지고 있는 인간들이므로 그들을 결합시킬 수 있는 것은 인간중심의 인내천 민주주의, 즉 동학사상이 평화와 통일의 역할을 담당해가야 한다는 것이다.

인간중심의 인내천 민주주의에서는 모두가 평등하여 권력다툼도 없고 물자의 희소성도 걱정하지 않는다. 이러한 **인간중심의 사상, 즉 세계관으로서 인간관**을 모두가 가지고 있다면 폭력은 자연히 사라질 것이고 개인이 다양한 능력발휘를 하면서 집단의 협동성이 뒷받침 되어 인류는 더욱 더 발전할 수 있을 것이다.

촛불정부이후 남북교류가 당국 차원에서는 이루어지고 있지만 현실은 미국의 대북제재로 하여 지난 정부의 천안함 사태이후 민족의 평화통일을 위한 노력은 정체상태에 있다. 개인주의적 민주주의와 집단주의 민주주의의 대립이 명확한 만큼 한국이 먼저 무력을 사용하지 않고 한 민족, 백의동포라는 전통성과 주동성, 능동성의 지도력을 발휘하여 평화통일과 세계의 민주화에 있어 출발점이 되었으면 한다.

그러면 통일을 어떻게 이룰 것인가? 대립물의 통일이란 모순이 아니듯이 대립되는 것은 그대로 두면 된다. 그 상태로 하나의 통일을 이루는 것이다.

자산계급의 정부형태인 개인주의 민주주의의 3권분립 권력구조의 한계를 두고, 집체주의 민주주의의 사상·정치교육과 의지의 단련을 통해 남북의 양 체제를 지양하는 인내천 민주주의의 정부형태가 존재할 수 있기 때문이다. 정신·문화 분야에서 그 개선방안을 두고 의지의 단련을 위한 수련과 훈련을 계속 해가야 한다.

이리하여 인간중심 민주주의를 정치이념으로 견인하는 지도사상부와 이념당의 통일교육과 통일운동이 활발히 전개됨으로써 그만큼 민족의 평화 통일은 비로써 앞당겨지게 될 것으로 보인다.

참 고 문 헌

황장엽, 『민주주의와 공산주의』(서울: 시대정신, 2009. 9. 21).

----, 『인간중심철학원론』(서울: 시대정신, 2008.11.10).

----,『청년을 위한 철학이야기』(서울: 시대정신, 2007).

----, 『변증법적 전략전술론』 (서울: 시대정신, 2006).

----, 『황장엽 회고록(나는 역사의 진리를 보았다)』(서울: 시대정신, 2006).

----, 『민주주의 정치철학』(서울: 시대정신, 2005.12.10).

----, 『인간중심철학의 몇가지 기본문제』

----, 『인생관』(서울: 시대정신, 2003).

----, 『세계관』(서울: 시대정신, 2003).

----, 『사회역사관』(서울: 시대정신, 2003).

----, 『개인의 생명보다 귀중한 민족의 생명』(서울: 시대정신, 1999).

Colebatch, H(1998), *Policy* (Buckingham: Open University Press).

Hague, R and Harrrop, M(2004), *Comparative Government and Politics*(6th)(New York: Palgrave, macmillan), pp. 355.

後 記

* 인간중심정치철학은 인간의 민주주의적 생존과 발전과정에 대한 철학적 해명에 기초하여 인간 중심의 민주주의적 세계관과 인생관, 민주주의 정치이론과 정치방법을 포괄하는 정치철학이다.

참桓역사문화신문의 香氣

본고는 한얼대학원에서 강의하고 참한역사신문에 게재한 글을 전제한 것이다.

한국사회는 지금 분열과 갈등의 구조 속에서 방향을 잃고 있다. 정치안정을 위해서는 식민사관으로부터 민족주의적 생각과 행동을 통하여 국민화합을 위한 통합의 시대를 열어가야 한다.

지금 중국은 북한핵을 북·미간의 문제라면서 쌍중단(雙中斷: 북한핵미사일도발과 한·미군사훈련 동시중단)과 쌍궤협상(雙軌協商:한반도비핵화 프로세스와 북·미평화협정)을 주장한다. 그리고 중국은 대북군사옵션을 결코 받아들일 수 없으며, 더 이상 원유공급중단 등 대북압박에 나설 의사가 없다고 한다.

우리정부가 한반도의 전쟁을 막고 평화통일을 위해 정치지도력이 요청되고 있다. 외세의 영향을 받지 않고 자주권을 지키는 문제이다. 우리는 혈맹이라는 미국에 의존하여 국방문제를 해결하려고 하는데, 트럼프의 미국을 보면 믿음이 가지 않는다. 맹목적으로 미국만 의존하는 국방정책은 근본적으로 문제가 있다.

우리는 북한과의 통일을 포기할 수 없다. 대화가 답이다. 작금의 형국은 미국이 방해하고 있는 형상이다. 대화를 통해 새로운 길을 모색하여야한다.

포기하지 말고 북과 끝까지 대화와 외교로 평화·번영·통일을 이룰 수 있도록 노력해야 한다.

만일에 급변사태가 일어나 북이 붕괴하게 되면 중국은 자동으로 진주하게 되어 한반도는 영구분단으로 들어가게 된다. 그러므로 휴전협정을 평화협정으로 바꾸어 국제법으로 하여 중국의 개입을 막아야한다. 그러므로 남·북의 평화적 소통과 교류를 통한 평화통일만이 해답이다.

민족성의 요람인 신성한 우리 한반도에서 개인주의, 민족주의, 국제주의의 자유와 평등한 조직의 원리로서 세계적인 통합을 위해 한 민족 간에 이러한 핵심 원리가 적용되어야 한다.

민족성이 인민의 양심이며 인류애의 기능인 결사의 작업을 인민에게 부여함으로써 인민의 개인성을 구현한다. 개체가 없이는 어떠한 자유도 평등도 가능하지 않다. 우리시대에는 거대한 결사의 형식으로 인민의 인민에 의한 신성동맹을 말한다. 인민의 자유와 평등없이 진정한 결사는 존재할 수 없다. 한국민족주의가 표방하는 평화통일을 위한 정치사상이다.

누구는 민족주의란 민족적 자존심을 고취하는 절대이성의 표현이며, 인간의 보편적 삶의 최고의 형식이라고도 한다. 오늘 민족자결주의의 부재로 인한 정치외교력의 한계를 두고, 우리들 앞에는 이러한 과제들이 놓여있지만, 그러나 무엇보다도 사상적 단결이 되어있지 않다는 것이다. 북한이 견디는 힘은 사상대국의 힘이다.

손자는 싸우지 않고 전승(戰勝)을 하려면 미리 그 조건을 만들어놓고 위세로서 상대방을 제압하라고 했다. 율곡은 만언소(萬言疏)에서 정치는 때를 아는 것이 중요하고(政貴知時), 일은 실질에 힘쓰는 것이 필요하다고(事要務實) 했다. 평소에 잘못을 경계하여 환란을 없애며 조심하는 정치사상의 진작이 필요한 때이다. 북이 사상대국을 이루는 이유이기도 하다.

한국의 자본주의 정당들은 이 저술의 대의이기도 한 이러한 민족사의 당면과제를 실천해가기 위해서는 개인중심의 자본주의적 민주주의를 보다 더 고차원의 인내천(人乃天)의 민주주의로 발전시켜나가야 한다. 인간은 개인적 존재이면서 집단적 존재이기 때문에 집단중심의 민주주의에 관심을 가져야 한다. 냉전논리인 좌·우의 양극단의 이념을 변증법의 대립물의 통일로 지양한 홍익사상의 한국민족주의로 통합해가야 한다. 일제 당시 단제(申采浩)의 의열단의 창단이념인 조선혁명선언의 정치철학이기도 하다.

그리하여 필자는 평소에 천도교 청우당(신간회주도)과 같은 민주주의 이념당 재건과 더불어 제4지도사상부 수립을 주창해오고 있다. 참桓역사문화신문이 통일을 이루어가는 도정에서 앞장서주기를 바라는 마음이다. 그리하여 참환(桓)의 향기가 만리(萬里)로 뻗어나갔으면 한다.

부 록

<칼럼>

통일한국을 위한 국가주의와 민족주의*

盧泰久

1. 분단극복으로 광복완성을

해방 정국에서 민족주의자들은 북에서는 부르주아지로, 남에서는 프롤레타리아트로 매도되었다. 냉전 상황에서는 민족주의가 설 자리가 없었다. 좌·우를 막론하고 민족주의를 표방한 인사들은 비운을 맞았다. 미·소에 의한 양과도정부(국가)가 자행한 일이라고 할 수 있다. 온전한 자주독립의 통일 민족국가가 들어서지 못했기 때문이다.

민족의 전통사상에 기초한 민족주의 이념을 표방하며 평화통일을 이루어가기 위해서는 민족주의 노선에 동의하여야 한다. 그러나 현실은 우익에서는 남북협상·좌우합작을 두고 사회주의의 평등의 가치를 신봉하고 개인의 자유를 억압한다고 한다. 또한 좌익에서는 부르주아의 개인적 자유와 부를 옹호한다며 비판한다.

그럼에도 불구하고 우리는 통일 민족국가 건설을 위한 홍익·인내천(弘益·人乃天)사상을 (한국)민족주의의 이름으로 자본주의의 자유와 사회주의의 평등사상을 어떻게 공평하게 조화를 이룰 것인가에 유의하며 (통일)민족주의와 (분단)국가주의의 상호관계를 지혜롭게 정립하고 넘어가야 한다. 이 논의는 내년 한국전쟁 70주년을 맞이하면서 더욱 본격화할지도 모른다.

이런 의미에서 지난 3·1절 대통령의 축사에서 독립운동가인 약산 김원봉을 언급한 것은 민족주의의 이름으로 포용의 리더쉽을 발휘하지 않고서는 남·북의 냉전 이념에 기초하여 공고해진 분단국가를 8천만 한민족 공동체의 이름으로 통일국가를 이루어나가기는 쉽지 않을 것으로 여겼기 때문에, 분단 극복을 위한 민족주의의 이념적 메시지를 역대 대통령 가운데 처음으로 공표한 것이라고 할 수 있다.[7)]

따라서 우리는 국가주의와 민족주의의 개념을 대결구도의 개념으로 이해할 것인지, 물체의 양면처럼 상호보완적인 개념으로 할 것인지를 차제에 명확히 할 필요가 있는 것이다.

2. 민족주의의 이론적 틀(theoretical frame)

해방이후 남북, 남남 갈등 등 한국정치의 소란스러운 70여년의 세월이 지났지만 아직도 민족통일을 통한 광복완성의 염원이 이루어지지 못해 국민으로 하여금 실망감을 안겨준다. 평화·번영·통일의 새 국가건설에 대한 전망은 나라의 냉전이념의 반지성적 분위기로 여전히 어려워 보이고 있다.

우리의 현실은 바나나 공화국(banana republic)의 모습을 보이고 있다. 해외 원조로 살아가는 가난한 나라의 모습을 벗어나고 있지 못한 것이다. 정치적, 경제적으로 아직도 자주국방을 이루지 못하고 있는 것이다. 통일을 이루지 못한 분단논리로는 완전한 독립국가를 말할 수 없는 것이다.

바나나 국가는 견고한 행정적, 정치적 기초를 갖지 못하고 나라의 모든 시민들의 애정과 존경, 충성심을 모을 수 있는 필요한 카리스마를 갖지 못한 국가를 말한다. 현실은 한·미·일 3각 구도도 일본의 '일방적인 경제보복'으로 드디어 깨어지기 시작하고 있다. 지난 2월 하노이회담 결렬 이후 한반도의 평화와 통일 문제는 역시 민족(자결)주의로 해결해야한다는 것이 백일하에 드러난 것이다. 남북이 가까워지니 주변 국가들이 두려워하는 것이다. 더 이상 가만히 있으면 안 되고, 우리 힘으로 자주적으로 민족의 운명을 결정해가야 한다.

---

* 『철학과 현실』(122집)(가을호) pp. 66~81. 철학문화연구소의 2019년 추계호에 게재된 글이다.

7) 문재인 대통령의 8월 13일 독립유공자-유족 청와대초청 오찬장의 인사말.

우리는 오늘 분단 냉전 생활을 영위하면서 정치적 질문을 하게 된다. 이제는 종전협정이 평화협정으로 그 국가체제가 바뀌어야 할 때가 되었기 때문이다. 더욱 더 부유한 삶을 사는 사람들이 우리 사회의 열악한 삶을 살아가는 사람들을 방치해도 되는 것인가? 민주주의의 기회의 평등만 요구하고 결과의 평등을 말하지 않아도 되는가? 따라서 우리는 통일을 위하여 왜 이 시대에 진보적 민족주의 이념이 '정의의 원리'로 강조되어야 하는가를 설명하여야 한다.

최근의 세기에 많은 정치 사상가들은 '삶의 의미'를 두고 정치적 문제를 제기하고 있다. 이를 테면 어떤 객관적인 도덕적 질서의 존재가 자연적인 것인가, 아니면 신에 의한 것인가 하는 것이다. 니체(Friedrich Nietzsche)는 인간이 도덕적 질서를 창조하였다고 선언했다. 그런데 모든 가치가 인간 의지의 인위적 창조물이라면, 도덕적 절대성이 전혀 존재하지 않는다면, 그러면 어떻게 정의의 절대적 원리로서 자유·평등을 우리가 합리적으로 신봉할 수가 있겠는가 하는 문제가 제기된다.

이렇게 되면 그 어느 것도 어떤 내재적 가치를 가지고 있지 않고, 심지어 인간의 삶 그 자체도 가치가 없는 것으로 된다. 니체는 20세기에 인간생활의 황폐화를 경고하며 이를 허무주의라고 불렀다. 그러나 롤즈와 같은 근대 자유주의자는 인간은 더 이상 허무주의에 빠지지 않고 도덕적 상대주의의 방법으로 인간생활의 황폐화를 해결해야 한다고 했다. 진보적 통일 민족주의와 관련하여 그 분석의 틀로 롤즈의 『정의론』[8]을 살펴보자.

롤즈는 정의의 통일은 공정성에 기초해야 한다고 했다. 먼저 공정의 가치는 시민의 동등한 자유에 기초한다. 시민의 평등은 모두를 위한 존경의 평등을 말한다.

통일이라는 정의의 공평의 원리는 기회의 공평한 평등이다. 사회적 계급과 무관하여 그의 재능과 노력에 의해 성공할 기회를 가진다. 사회의 가장 낮은 계급일지라도 근면·노력으로 재기할 수 있는 동등한 기회를 가지게 되어야 한다. 그리하여 통일 사회에서는 그들의 재능과 능력을 발전시키기 위해

8) John Rawls, *A Theory of Justice*(Cambridge: Harvard University Press, 1971).

가난한 사람도 기술적 훈련과 문화적 지식을 얻을 수 있는 동등한 기회를 가져야한다.
따라서 우리는 원만한 통일을 위해서 또 하나의 민족인 북녘의 동포를 도와야 한다. 왜 도와야 하는지를 살펴보자. 소수민족의 차별 철폐 조치(affirmative action)를 한 예로 들어 보자. 이는 루소의 '일반의지' 이론과 비슷해 보인다. 개인은 전체를, 전체는 개인을 생각하는 공동체원리 말이다. 그래서 교육의 역할이 중요해진다. 교육의 가치는 경제의 효율성이나 사회적 복지로는 평가될 수 없다. 교육으로 사람들이 그 사회의 문화를 향유하고 업무에 종사하며 각 개인 스스로의 가치를 보장하게 한다. 교육의 충분한 기회를 통해 자부심을 높임으로써 과거의 차별로 인한 희생으로부터 구제될 수 있다.
여기서 **정의는 사회주의적 평등을 필요로 하는가?** 자존(self-respect)의 평등은 적어도 부의 어느 정도의 소유를 전제로 한다. 이 점에서는 사회주의 경제가 다른 체제보다 빈곤층에 더 높은 부와 수입을 위한 평등의 기회를 제공한다고 볼 수 있다.
정의는 자본주의적 자유를 요구하는가? 자유주의자들은 야경국가를 선호한다. 그런데 롤즈의 정부는 빈자를 돕기 위해 세금으로 수입과 부를 재분배할 것을 주장한다. 인간은 사회적 동물이므로 이들의 능력을 발전시키고 표현하기 위한 사회의 도움을 필요로 한다. 사람들의 천부적 재능과 능력에 따라 보상하는 것이 잘못되었다는 것이다.
마르크스의 견해를 들어보자. 유산자 사회에서는 인간이 소유하는 것이 마땅히 받아야 할 것에 비례하지 않는다는 것이다. 돈으로 살 수도 있다는 것이다.
롤즈는 실적주의(meritocracy)를 거부한다. 그러므로 통일을 위한 정의의 원리에 있어서 기회의 평등은 결과의 평등과 균형을 맞출 필요가 있다. 모든 시민과 자존의 동등감을 보증하기 위하여 실적에 의한 불평등을 제한할 것을 지적한다. 각 개인은 존중되어야 하면서도, 색깔, 성별, 그리고 다른 개인적 속성으로 수모를 당하지 않도록 기본적인 사회적 평등을 보장하여야 한다.

평등의 자유는 다른 원리보다는 우위에 있다. 다른 사람과 사회적 유대와 함께 인간은 누구나 그들의 천성(nature)을 구현하려는 욕망이 있다. 통일된 정당하고 공평한 사회에서는 민족의 자유가 심미안적으로 되어 생활의 일상사가 도덕적 미덕과 공과에 따라 배분되어지는 것이다.

3. 국가와 민족

국가와 민족, 민족국가라는 용어는 보통 국제정치에서는 혼용해서 쓰이고 있다. 그러나 기술적으로 이들 용어는 다른 뜻을 가지고 있다. 그러므로 정확히 개념을 정의해둘 필요가 있다.

헤겔은 국가를 정신이 객관화한 것이라며, 인간의 의지와 자유의 외부의 표현으로 신(神)의 이상이라는 것이다. 개인의 마음은 국가의 열정과 격려, 필요성 등에 의하여 이끌어지기 때문에 자유롭다는 것이다. 국가의 부활은 민족적 정당성의 표상으로 된다.

트라이체크(Heinlich von Treitschke, 1834~1896)는 국가는 모든 민족생활의 기초이다. 국가는 개인의 이미지로 나타나는데, 역사 그 자체는 다양한 국가가 배우로 활동하는 거대한 드라마이다. 국가를 인간이 고유한 개성을 가지듯이 국가도 구분되는 민족성을 가진다. 국가는 도덕적 공동체로서 인간을 교육시켜 적극적으로 성취의욕을 갖도록 하고, 그리하여 민족이 국가에서 발전하며 구체적인 민족성을 갖게 하는 것이 최후의 목적이다.

라스키(Harold Joseph Laski, 1893~1950)는 국가는 실제적 행정을 위한 정부라는 것이다. 국가는 조직의 조직이며, 가치의 일반적 서열체계로서 사회생활이 조직되며, 사회제도로서의 구체적인 모습이 국가라는 것이다.

국가는 국경선 내에서 법과 규율을 만들고 이를 집행하는 능력을 가지는 중앙의 권위에 지배되는 지리적으로 경계선이 있는 실체이다. 국가는 국제법으로 인정되어지는 법률적 실체이다. 국가의 영토 내에 살고 있는 사람들은 정부에 의하여 제정된 법에 근거하여 시민이 될 수 있다. 국가의 영토내의 거주민들은 시민의 지위에도 불구하고 국가의 법에 따라야 한다.
국가는 민족이 형성되기 전에 존재하고, 민족을 만드는 수단이다. 새롭게 독립된 신생국가들은 유럽국가가 세운 민족국가를 50년 내에 이루려고 하다 보니, 역사, 지리, 인종적으로 제국주의에 폐해 등과 맞서 이들과 투쟁하여 나라를 세워야 한다.
결론적으로 국가란 주어진 영토 내에서 특정 인민에게 다양한 공공기관을 통해 최고의 권력을 가지며, 이를 행사하는 정치조직이라고 할 수 있다.

민족은 개인의 공동체에 대한 복종심으로 정의될 수 있다. 공동체의 가치는 공동의 유산, 공동의 역사, 공동의 성격, 공동의 종족, 단체의지, 공동의 정신 등이다. 충성심은 헌신, 희생, 복종, 사랑, 애정 등으로 설명되어진다. 민족은 어린아이가 부모에게 갖는 복종심과 애정을 불러일으키듯이 조국(fatherland)이니 모국(motherland)이라는 표현을 하게 된다.
국제관계사전[9]에 의하면 민족을 다음과 같이 정의하고 있다. "공동의 이념, 공동의 제도와 관습, 동질감을 나누는 집단이다. 민족은 특별히 그 자신의 것으로 여기는 일정한 영토와 결합하여 소속됨으로서 강한 집단감을 갖게 된다."
민족을 본질적으로 심리학적 현상으로 정의할 때, 민족이란 존재하지 않으면서 사람들이 믿으려고 하는 '감각', '감정', 혹은 '직관'이다. 독립적이며 자유롭고 행복하며 동포의식을 가지고 전설상의 영웅적 인물을 내세움으로써 새로운 국가를 세우기 위해 일치단결하여 투쟁하는 추상적 개념이라는 것이다.
프랑스혁명의 인권선언은 "모든 주권의 원천은 본질적으로 민족에 있으며 민족이란 하나의 공동의 법 아래에서 살고, 입법부에 의하여 대표되어지는 결사체"라고 했다. 이리하여 아베 시에예스는 "제3계급의 평민인 인민은 無의 존재에서 이제는 有의 모든 것이 되어야 한다"고 했다. 주권은 국민(민

---

9) *Dictionary of International Relations* (New York: Penguin Reference, 1998) P. 143.

족)에 속하는 것으로 불가분의, 양도할 수 없으며, 시효로 소멸하지 않게 되는 것이다.
민족은 지리적으로 한정되거나 법률로 반드시 정해지지 않는다. 민족은 심리적 산물로써 일정한 형태로 서로 연결되어지는 인민의 집단이다. 종족적으로, 문화적으로, 또 언어적으로 관련이 있다고 스스로 여기는 사람들의 집단을 민족이라고 한다. 민족은 1947년 이전의 유대민족과 같이 영토적 지배 없이도 존재한다. 소련의 우크라이나인들이나 미국의 인디언들이 여기에 해당한다. 이들은 이스라엘의 건국과 같이 민족해방을 주창하면서 영토를 확보하고 국가를 세우게 된다. 팔레스타인 해방조직(PLO)도 마찬가지이다. 민족은 독립이 쟁취되면 안보, 경제적 번영, 정치참여를 국가로부터 요구하게 된다.

4. 국가주의와 민족주의

어떤 명사에 '주의(-ism)'라는 접미사가 붙으면 원래의 개념을 능가하는 의미가 있다. 어느 원리에 대해 강하고 일방적이며 군사적인 의미로 강조되어 특정의 이론이 되며, 조직적 행동이 되며, 또는 집단적 감정을 불러일으킨다.
예를 들어 자본주의라는 부르주아 사회 이데올로기의 주요 관심사는 자연권과 자유시장이다. 사회주의는 사회의 특별한 형태의 조직이다. 국가주의도 마찬가지다. 심지어 마르크스는 미래의 공동체 사회인 공산주의 사회가 도래하면 국가(주의)는 소멸된다고 하였다.
국가주의는 국가의 이익을 개인의 이익보다 절대적으로 우선시하려는 사상원리나 정책이다. 그 윤리적 기초는 플라톤의 '국가는 최고의 도덕'이라고 한 명제에까지 소급될 수 있겠다. 국가는 절대군주의 관료와 상비군으로 하여 폭력적 통치기구의 완성으로 먼저 마련되고, 이론적으로는 장 보댕의 주권이론, 홉스의 사회계약론에서 이론으로 완성된다.

국가주의는 다른 사회영역에 대한 전반적인 국가간섭정책을 의미하며, 국가사회주의까지 포함한다. 또 국가주의는 국가의 이익을 위주로 하는 주의로, 계급의 질서가 엄수되고 독재자가 출현하여 자유주의적 활동을 금지하는 것으로 사용되기도 한다.

여기서 마르크스는 국가(주의)를 어떻게 생각하였는지 살펴보자. 마르크스는 정치에 대하여 사회적, 역사적 현상에 유물론적 접근을 하면서, 정치는 경제적 요소의 반영으로 보았다. 정치형태는 경제적 기초에 의존하는 상부구조로 존재한다고 보는 것이다.

우리가 알고 있는 국가는 상대적으로 16세기의 근대적인 것으로, 제도화된 억압과 폭력의 개념으로 보고 있다. 근대국가의 집행기구로서, 시민사회와는 별도로 유산계급의 공통의 관심사인 재산과 이익을 관리하는 하나의 위원회이다. 마르크스는 계급 없는 사회인 공산주의의 출현과 함께 국가가 사라진다고 보았다. 계급의 존재는 정치제도의 존재를 필요한 조건으로 한다면, 공산주의에서는 계급과 적대감의 상징인 국가주의는 소멸되며 업무처리를 위한 행정만 존재한다고 한다.

자유주의자들은 3권 분립으로 인민의 평등과 자연권을 말하고 있으나, 루소는 이를 비판하였다. 실제로는 모든 인민이 동등한 재산을 소유하고 있지 않다는 것이다. 모든 인민의 재산보호를 말하면서 기실은 국가주의를 통해 부르주아 국가는 가진 자의 이익을 지키는 수단으로 인민을 억압하고 기만하고 있다는 것이다. 마르크스는 루소의 입장을 따르는 것이다.

헤이스(Carlton J. H. Hayes)는 민족주의를 실질적 역사적 과정, 하나의 이론, 정치적 행동, 하나의 감정 등으로 정의하고 있다.10) 민족주의의 실현은 지구상에서 인류 최고의 윤리적 실현이며 최종적 명분이 된다. 그리하여 민족주의는 자연질서(이치)로서 민족 공동체의 안전을 추구함이 인간의 궁극의 목적이 된다.

식민지 치하에서 민족주의자들에게는 잘 정의된 목적이 있었다. 식민지배로

---

10) Louis L. Snyder, *The Meaning of Nationalism* (Connecticut: Greenwood Press. 1968).

부터의 자유와 독립이 그것이다. 이러한 메시지는 다양한 주민들 사이에서 결속력을 도모하는 데 성공하여 오늘날은 공동의 목적과 공동의 적에 대항하기 위하여 사회세력을 집대성하고 있다.

요약하면, 민족주의는 고대이후로 민족성의 재발견으로 문화(언어, 특별히 종교), 토지, 정치적 독립의 염원, 인민의 깊은 역사의식의 형성을 내거는 이념이다. 지역주의, 지방적 복종심이나 감정에 반대하여 종족의 연대, 문화적 동질성과 같은 민족적 요소를 부각시키고 있는 것이다. 민족주의는 사람들을 별개의 정치적 공동체로 결속시키는 가장 강력한 결합력을 가진 이념의 하나이다. 민족감정은 근본적으로 '남들'에 대하여 '우리'라고 하는 함께하는 공통의 감정으로 묘사된다. 민족주의는 특정지역 민족이 독립 국가를 형성할 수 있는 권리를 갖도록 하는 운동이다.

민족국가를 보면, 프랑스혁명 이전에는 정치단위로서의 국가와 문화단위로서의 민족사이의 필요한 관계는 존재하지 않았다. 단일 개념으로서의 두 요소의 결합은 민족국가의 역사가 열린 오늘날에 와서 의미 있는 사실로 조명된다.

제3세계의 경우 국가와 민족의 관계는 자명하다. 국가는 민족의 표현이며, 국가는 민족을 획득하려는 주요 수단이다. 정치사는 우리들에게 국가조직의 결여는 민족의 치명적인 해체를 가져오는 약점이 된다고 가르치고 있다. 아프리카의 경우는 식민정책의 분리주의(secessionism)를 극복하기 위하여 국가와 민족의 결합은 규범이 되고 있다. 하나의 국가가 하나의 민족과 연계한다는 민족국가는 국가나 민족의 최선의 이상형으로 주목된다.

프랑스혁명 이후 민족의 정체성과 복종심의 진화는 일민족의 민족국가로 나아가고 있음을 보여주고 있다. 유럽에서는 국가가 민족을 확립하고 민족이 국가를 수립한다. 마이네케의 중유럽, 동유럽의 문화민족에는 민족이 국가를 수립한다. 그리고 서유럽의 국가민족에는 국가가 먼저 민족을 확립한다. 이들은 근대 민족국가로 가는 서로 다른 길의 모델들이다.

신생국의 지도자들은 민족주의가 주요한 이데올로기였던 시대에 활동하였다. 따라서 그들은 쟁취한 현존하는 국가 위에서 민족을 세우면 됐다. 유럽의 민족국가는 정책의 부산물이지만, 제3세계의 경우는 정책의 목표였다. 이태리에는 이런 말이 있다. "'우리는 이태리를 건국하여 이태리인이 되었다고 하는 것'은 민족 없는 민족주의라는 것이다. 민족국가보다는 국가민족을 지배하는 민족주의인 것이다." 우리의 시대는 민족국가의 세계이다. 이제는 남북이 배달겨레(동족)의 이름으로 협력하여 자유·평등·진리가 강물처럼 흐르는 통일 민족국가를 세워야 한다.

5. 한국민족주의와 통일

민족주의가 민족통일, 독립, 발전을 추구하는 이념과 운동이라면, 한국민족주의의 당면과제는 국민주권, 근대화, 그리고 민족통일을 이루는 것이다.

이들은 선진 민족주의가 단계별로 이루어낸 것인데, 우리의 경우 동시에 이루어야 한다. 개발도상국 민족주의의 지도자는 민족으로서 어떤 근대적 기초도 없이 이들 세 가지 목표를 동시에 추구해야 할 무거운 과제를 안고 있다.

그런데 민족통일을 위해서는 국내요소와 더불어 국제적 요소를 참작해야 한다. 현상유지를 깨는 한국 통일은 한반도에 관심을 가진 주변 4강의 이해관계에 반한다. 그러면 한국민족주의는 궁극적으로 주권을 상실하지 않고 어떻게 민족통일을 성취해갈 것인가?

민족통일의 대의와 관련하여 근년에 떠오르는 새로운 사조는 국제적이며 객관적인 요소 대신에 국내적이며 주권적 요소라는 것이다. 회고해보면 한반도의 통일은 국제적 요소가 우선인데, 지금은 국내적 요소가 더욱 중요해졌다는 것이다. 70여 년간의 민족분단의 정치적 실체의 역사가 매우 중요해진다. 북은 핵무기를 가지고 있고 남은 경제대국이 되어있다.

만약에 우리가 국내적 요소를 독립변수로 본다면 더욱 중요한 것은 지도층의 태도이다. 이러한 점에서 우리는 메이지 복고시대의 일본의 지도력과 구한말의 한국의 지도력을 비교함으로써 어떤 교훈을 얻을 수 있다. 메이지 복고시대의 일본의 정치력은 끝까지 주권을 유지하면서 내적 투쟁을 위해 외부의 세력을 이용하는 것이었다. 다른 말로 말하면, 민족주권을 희생하여 내부의 투쟁을 이기기보다는 오히려 내부의 투쟁에서 패배를 선택하는 것을 믿었다는 것이다. 일본인의 태도는 적대세력 간에 나라를 희생하여 외세에 바치는 권력투쟁의 길을 선택하여 끝내는 나라의 주권을 상실하고 마는 비극을 초래한 이조말의 정치력과 극명하게 대조가 된다.

민족주의의 지도력이 충분조건이 아닐지라도 사회계급이나 사회세력의 통합을 필요로 한다는 것은 발전적 한국민족주의의 기본정책이 된다는 교훈을 보여주고 있는 것이다.

물론 오늘의 상황은 이조의 상황과는 다르다. 그러나 우리 스스로 국가안보를 유념하지 않을 수 없다. 통일된 민족의 모습을 즉시 수립하기 어렵다고 하여 언제까지나 외세의 도움으로, 동족상잔으로 민족의 잠재력과 에너지를 낭비할 수 없는 것이다.

우리는 장기적인 계획을 세워 민족통일의 기초를 서둘러 닦으며, 지연되고 있는 남북대화를 재개하기 위해 노력해 가야 하는 것이다. 무엇보다도 한국민족주의는 다면적 국제관계를 수립하며, 외세에 대한 과도한 기대는 그만두고 외세의 원조보다는 민족적 주권의식을 배양하며 민족 간의 도움을 연마하는 방향으로 나아가야 한다.

그러려면 한국민족주의는 국내의 발전요소를 동원함으로써 어떤 외세에 과도하게 의존하는 것을 축소하기 위하여 근대화 과정에서 야기된 사회구조의 빈부격차 등 이중성을 '정의의 원리'와 '사랑의 원리'에 입각하여 해결해야만 한다. 다른 한편으로는 남북협력, 평화경제를 수립하여 순수한 민족통합과 민족동질성의 역사의식을 가지도록 확고한 비전을 가질 필요가 있는 것이다.

백범은 「나의 소원」에서 "혈통적인 민족만은 영원히 성쇠흥망의 공동 운명의 인연에 얽힌 한 몸으로 이 땅위에 남는 것이다."라고 했다. 문 대통령의 ‘8·15경축사’는 감격스러웠다. “남북경협으로 평화경제를 실현해 일본을 단숨에 따라 잡을 수 있다”고 했다. 일본의 비이성적인 결정을 탈일본의 계기로 삼는 동시에, 일본 경제를 넘어설 하나의 카드로 한반도 평화 무드를 통한 ‘한반도 평화경제’를 제시한 것이다.

작금의 일본의 경제도발로 광범하게 확산되고 있는 탈일본의 계기를 이제는 참다운 자주독립 국가를 만들기 위한 신 평화운동으로 발전시켜야 한다. 대한민국 정부수립 100년의 해에 1965년 체제의 종식을 위한 여정은 결코 역사의 우연이 아닐 것이다. 완전한 민족주권을 확보하지 않고 민족통일을 이루는 것은 불가능하다.

이제 한국의 민족주의는 권위주의의 냉전적 분단 국가주의를 극복하여 민족적 합의를 기초로 남북 민중의 힘을 흡수하고 동력을 동원하는 민주적 통일 민족주의로 발전해갈 시기를 맞이하고 있다.

노태구

경기대학교 명예교수, 민족사상연구소장, 한사모(한뿌리사랑 세계모임) 이사장, 동학마당 상임대표 / 고려대학교 정치외교학박사

저서: 『왜 이념당 건설인가?』, 『한국정치학의 토착화』, 『한국정치학의 패러다임』 등

백자의 사람

통산 200만부 판매 돌파!!!
이 소설로 인해 일본은
한국을 사랑하게 되었다.
한국의 흙이 된 일본인
전격 영화化 결정!
CJ Entertainment 배급!!
욘사마 배용준을 잇는
한류스타 배수빈 출연!!!
한국영화진흥위원회 선정
제1회 외국 영상물 로케이션 지원사업
대상大賞작 선정

천사의 눈물

저자는 뉴욕 주립대학교에서 경영학을 전공했다. 대기업에서 M&A 등을 담당하며 사회인으로 활동하는 한편
시나리오, 소설 등의 창작인으로도 왕성하게 작품 활동을 하고 있다.

본 소설은 영화 [클래식]과 [그레이의 50가지 그림자]가 절묘하게 융합된 듯 하다는 평단의 극찬이 있었다.
방대한 분량에 펼쳐진 장엄한 사랑의 대서사시가 감동적으로 그려져 있다.

개인 민주주의와
집단 민주주의의
결합을